Lumpi

Gesamtherstellung:	Vehling-Verlag GmbH, Berlin
Produktion:	Elisa Ender
Illustrationen:	Elisa Ender
Fotografie:	Malte Hofmann
Layout & Lithografie:	Zwei x H Werbe-GmbH

www.vehlingbuch.de

Spaß mit Lumpi

Backrezepte und Bastelanleitungen

für große und kleine Leute

Vehling Verlag
Berlin · Werl i.W. · Basel · Graz

Langsam werden die Tage wieder länger,

die Sonne scheint und die Natur erwacht zu neuem Leben.

Da halten es auch unsere beiden Freunde Lumpi und Paul nicht länger in der warmen Stube aus. Sie müssen hinaus ins Grüne.

Lumpi, ein neugieriger kleiner Hund, unverwechselbar mit seinem grünen Ohrflicken, und der vorwitzige Mäuserich Paul sind die besten Freunde. Gemeinsam sind sie für jeden Spaß, jedes Abenteuer und jeden Schabernack zu haben. Manchmal allerdings muss Lumpi seinen kleinen Begleiter in seinem Übermut auch schon mal bremsen, doch das tut ihrer Freundschaft natürlich keinen Abbruch.

Es gibt viel zu erleben: Lumpi und Paul besuchen ein Kostümfest, helfen dem Osterhasen beim Bemalen der Eier, tanzen in den Mai und treiben Frühsport im Garten. Auch der Frühjahrsputz steht auf dem Programm, doch da hat sich Paul was ganz Besonderes einfallen lassen. Lumpi jedenfalls ist erstaunt darüber, was Paul unter Frühjahrsputz versteht. Doch beim gemeinsamen Picknick unter freiem Himmel muss auch er über den Einfallsreichtum seines kleinen Freundes lachen.

Mit Lumpi und Paul ist Spaß garantiert…

Inhalt

Rezepte

Basteln

Wie das duftet!!

Paul ist so begeistert von den vielen bunten Blumen, dass er's sich mitten im frischen Grün gemütlich gemacht hat. Eifrig schwenkt er ein Schneeglöckchen in der Hand.

Plötzlich steckt Lumpi seinen Kopf durch das dichte Gras. „Was soll denn das?", fragt er. „Aber Lumpi, das ist doch ganz klar: Ich läute den Frühling ein!"

Jubel, Trubel, Heiterkeit...

Auf dem Kostümfest geht es hoch her. Alle haben sich verkleidet: lustige Clowns, Piraten, sogar eine kleine Primaballerina und ein Schlangenbeschwörer sind zu finden. Natürlich sind auch unsere Freunde Lumpi und Paul dabei. Ausgelassen tollen sie zwischen den übrigen Kindern umher.

Fröhliche Amerikaner

...zum Vernaschen - lecker, lecker!

Zutaten:

Für den Teig:

- 100 g Butter oder Margarine
- 100 g Zucker
- 1 Päckchen Vanillinzucker
- 2 Eier
- 1 Prise Salz
- 1 Päckchen Puddingpulver Sahne- oder Mandelgeschmack
- 3 EL Milch
- 250 g Mehl
- 3 gestrichene TL Backpulver

Für den Guss:

- 100 g Puderzucker
- 2 EL heißes Wasser
- Vollmilchkuvertüre

Für die Verzierung:

- Gebäckschmuck
- Zuckerschrift

Zubereitung:

Die Butter oder Margarine zusammen mit den Eiern in einer Schüssel schaumig schlagen. Nach und nach Zucker, Vanillinzucker, Salz und das mit Milch angerührte Puddingpulver unterrühren. Die Masse gut durchschlagen. Anschließend das mit Backpulver vermischte und gesiebte Mehl hinzugeben. Der Teig muss eine feste Konsistenz erhalten; falls er nicht fest genug ist, geben Sie noch etwas Mehl dazu.
Mit zwei Esslöffeln ca. 5 cm große Teigkreise auf ein gefettetes Backblech setzen. Das Gebäck im vorgeheizten Backofen bei ca. 180° C etwa 15 bis 20 Minuten goldgelb ausbacken.

Anschließend die Küchlein erkalten lassen.
Für den Guss Puderzucker mit heißem Wasser zu einer dickflüssigen Masse glatt rühren. Dann die flache Seite der Gebäckteile mit Zuckerguss oder Kuvertüre überziehen.
Zuletzt die Gebäckteile mit Zuckerschrift und Gebäckschmuck in fröhliche Amerikaner verwandeln.

Clowns, Clowns, Clowns

Eine tolle Überraschung am Kindergeburtstag. Legen Sie einfach jedem kleinen Besucher einen Clown auf den Teller.

Motivgröße Clown: ca. 10 cm
Motivgröße Karte: 15 cm x 11 cm

Materialbedarf:

Für den Clown:

- Tonkarton in bunten Farben
- Bedruckter Tonkarton
- Filzstift: schwarz
- Creme Rouge
- Abstandsklebeband
- Holzperlen, Ø 10 mm
- Dünne Wolle
- Satinband, 3 mm breit

Für die Karte:

- Tonkarton: gelb, rot und blau-weiß kariert
- Tonpapier: rot
- Satinband, 3 mm breit, 40 cm lang: rot

Bastelanleitung:

Clown: Die Einzelteile der Clowns aus gemustertem und einfarbigen Tonkarton ausschneiden. Die Figuren zusammenkleben, dabei beim Fixieren des karierten Hemds jeweils ein 5 cm langes Satinband als Bein unterlegen. Das Bandende in eine Holzperle einkleben. Wangen mit Creme Rouge abdunkeln, Augen, Mundlinien und die Flickennähte mit Filzstift aufmalen. Die Nase wird mit Abstandsklebeband befestigt. Zuletzt in die Mützenspitze ein Loch stechen und ein Aufhängeband durchfädeln. Auf den Wollfaden eine weitere Holzperle schieben.

Tipp: Spannen Sie über den Geburtstagstisch eine Leine und hängen Sie daran so viele Clowns wie Gäste anwesend sind. Später darf sich jeder seinen Clown mit nach Hause nehmen.

Karte: Aus Tonkarton die Grundform der Karte ausschneiden. Den Karton an der gestrichelten Linie falzen, nach oben knicken und einen Streifen blau-weißen Tonkarton aufkleben. Seitlich Löcher einstanzen, rotes Satinband (je 20 cm) durchziehen und vorn zu Schleifen binden. Sie erhalten so eine Einstecktasche, in die Sie ein rotes, aus Tonpapier gefaltetes Briefkuvert einlegen können. In das Kuvert können Geburtstagsgrüße geschrieben werden, aber es bietet auch Platz für eine Überraschung.

Zuletzt aus kariertem Tonkarton ein Herz zuschneiden. Zwei Löcher einstanzen und einen Clown (Anleitung siehe oben) anbinden. Das Herz mit Abstandsklebeband in der Karte fixieren.

Bastelschablone auf Seite 96.

Masken

Masken für den Kindergeburtstag oder ein Kostümfest sind schnell gebastelt.

Motivgröße: ca. 20 cm

Materialbedarf:

- Regenbogenwellpappe
- Alukarton: blau
- Tonkarton: pink
- Hologrammfolie: grün
- Klebesternchen: silber
- Goldlametta
- Bunte Flauschfedern
- Hutgummi

Bastelanleitung:

Die Grundform der Maske ausschneiden und mit einem Cutter die Augenöffnungen heraustrennen. Mit einer Lochzange seitlich die Löcher ausstanzen und Hutgummi durchziehen. Bei der Regenbogenmaske werden die Flauschfedern einfach in die senkrechten Rillen der Wellpappe gesteckt. Die Maske aus Alukarton wird zusätzlich mit pinkfarbigem Tonkarton und Silbersternchen dekoriert. Einen originellen Glitzereffekt erhalten Sie, wenn die Augenöffnungen mit Hologrammfolie umklebt werden. Die Federn auf der Maskeninnenseite fixieren. Goldlametta in den ausgestanzten Löchern befestigen.

Bastelschablone auf Seite 97.

Spitz-hütchen

für Schokoküsse!

Motivgröße: ca. 9 cm

Materialbedarf:

- Alukarton
- Bedruckter Tonkarton
- Bastelkrepp
- Metallicpompons, Ø 15 mm und 25 mm
- Silberdraht, Ø 0,65 mm

Bastelanleitung:

Aus bedrucktem Tonkarton oder Alukarton einen Halbkreis von Ø 15 cm ausschneiden, zu einem Spitzkegel formen und zusammenkleben oder zusammenheften. Die Hütchen beliebig verzieren. Die Kegelspitzen mit Metallicpompons ergänzen oder mit Silberdraht Alusternchen befestigen. Einen Streifen Bastelkrepp fransig einschneiden und als Haare unter das Hütchen kleben. Die Schokoküsse mit Zuckerschrift und Zuckerperlen dekorieren.

Bastelschablone auf Seite 97.

Kantenhocker Clown

Motivgröße: ca. 19 cm

Materialbedarf:

- Gehobeltes Kiefern- oder Fichtenholzbrett, Stärke 10 mm, ca. 20 cm x 20 cm
- Sperrholzrest, Stärke 4 mm
- Bastelfarben: violett, gelb, grün, orange, hautfarben, rosa, weiß und schwarz
- Klarlack
- Holzperlen, Ø 10 mm: 2 x gelb, 1 x grün
- Blumendraht, ca. 30 cm lang: braun

Bastelanleitung:

Die Einzelteile des Clowns aus dem 10 mm starken Holzbrett aussägen. Der Luftballon wird aus dem dünneren Sperrholz gearbeitet. Holzflächen und Kanten mit Schleifpapier gründlich glätten. Anschließend können die Motivteile farbig angemalt werden, orientieren Sie sich dabei an der Abbildung. Mit einem feinen Pinsel die Mundlinien und die Zeichnung des Luftballons aufmalen sowie die Herzen und Karos auf dem Kostüm umranden. Wenn die Farben getrocknet sind, kann nach Wunsch noch Klarlack aufgetragen werden. Einen ca. 30 cm langen Draht mit einem Ende am Luftballon, mit dem anderen Ende an einem Handgelenk befestigen. Den Draht an mehreren Stellen verdrehen.
Dann können die Arme am Clown angeleimt werden. Den Clown mit Heißkleber auf der Blüte platzieren. Zuletzt als Knöpfe bunte Holzperlen fixieren.
Jetzt können Sie den Clown auf ein Regalbrett oder eine Fensterbank setzen.
Bastelschablone auf Seite 97.

„Na Paul", fragt Lumpi seinen kleinen Freund.

„Hast du Lust mit in den Garten zu gehen und Blumen zu pflanzen?" Paul ist begeistert. „Oh ja!", ruft er. „Ich nehme die Gießkanne und du die Schubkarre mit den Blumen." Nicht nur die Bienen reiben sich verwundert die Augen: Ein solch kleiner Wicht und eine solch große Gießkanne!

Bienenstich

...nicht nur für kleine Naschkatzen

Zutaten:

Für den Teig:

- 500 g Mehl
- 40 g Hefe (1 Würfel)
- 75 g Zucker
- 1 Prise Salz
- 2 Eier
- 125 ml lauwarme Milch
- 100 g Butter

Für den Belag:

- 200 g Butter
- 175 g Zucker
- 175 g Mandeln (gehobelt)

Für die Füllung:

- 2 Päckchen Puddingpulver Vanillegeschmack
- 75 g Zucker
- 750 ml Milch
- 300 ml Sahne
- 2 Päckchen Sahnesteif
- 50 g weiche Butter

Zubereitung:

Mehl in eine Schüssel sieben, in die Mitte eine Vertiefung drücken, Hefe in die Mulde bröckeln und mit etwas Zucker, Milch und etwas Mehl verrühren. Den Vorteig an einen warmen Ort stellen und zugedeckt etwa 10 bis 15 Minuten gehen lassen. Zerlassene Butter, restlichen Zucker, Salz und Eier mit dem Vorteig verkneten. Den Teig nochmals abgedeckt an einem warmen Ort gut 30 Minuten bis zur doppelten Größe gehen lassen.
Für den Belag Butter mit Zucker in einem Topf unter Rühren zerlassen. Die Masse bis zum ersten Aufkochen auf dem Herd lassen. Anschließend den Topf vom Herd nehmen und die Mandeln unterrühren.
Den Hefeteig auf einem gefetteten Backblech ausrollen und mit einer Gabel mehrmals einstechen. Den Teig nochmals kurz ruhen lassen. Dann die leicht abgekühlte Mandelmasse gleichmäßig auf dem Hefeteig verteilen. Das Blech in den Backofen schieben und bei ca. 200° C (Heißluft ca. 175° C) etwa 25 bis 30 Minuten backen.
In der Zwischenzeit die Füllung vorbereiten. Aus Puddingpulver, Zucker und Milch einen Vanillepudding zubereiten und den Pudding kalt stellen. Butter unterrühren, anschließend die Sahne mit dem Sahnesteif steif schlagen und unter den erkalteten Pudding heben. Anschließend das Gebäck in 16 bis 20 Stücke schneiden. Diese waagerecht durchschneiden und mit der Vanillecreme füllen.

Flotte Bienen

Motivgröße Trinkhalmstecker: ca. 4 cm
Motivgröße Bienenmaske: ca. 19 cm
Motivgröße Biene: ca. 9 cm

Materialbedarf:

Für den Trinkhalmstecker:

- Tonkarton: schwarz-gelb gestreift und gelb
- Filzstift: schwarz
- Creme Rouge
- Blumendraht: braun

Für die Bienenmaske:

- Tonkarton: schwarz-gelb gestreift und gelb
- Filzstift: schwarz
- Creme Rouge
- Blumendraht: braun
- Abstandsklebeband
- Hutgummi

Für die Biene:

- Tonkarton: schwarz-gelb gestreift, gelb, weiß und schwarz
- Filzstift: schwarz
- Creme Rouge
- Blumendraht: braun

Bastelanleitung:

Trinkhalmstecker: Aus Tonkarton die Biene ausschneiden und zusammenkleben. Das Gesicht mit Filzstift aufmalen, die Wangen mit Creme Rouge hervorheben. In den Kopf zwei Löcher stechen. Einen ca. 7 cm langen Blumendraht zur Hälfte biegen und die Fühler durch die Löcher schieben, dabei den Draht nicht ganz durchstecken, damit die Biene noch über einen Trinkhalm gezogen werden kann. Die Drahtenden vorn mit einer Rundzange leicht einrollen.
Bienenmaske: Aus gelbem Tonkarton die Maske ausschneiden und die Augenöffnungen heraustrennen. Die Nase und die Augenlinien mit schwarzem Filzstift aufmalen, die Wangen mit Creme Rouge tönen. Seitlich je ein Loch einstanzen und Hutgummi durchziehen. Die beiden Bienchen werden wie beim Trinkhalmstecker beschrieben gearbeitet und mit Abstandsklebeband fixiert.
Tipp: Statt der Bienchen Hexentreppen aus schwarzen Tonpapierstreifen arbeiten und ankleben. Die Enden mit schwarzen Wattekugeln ergänzen.
Biene: Aus Tonkarton die Einzelteile ausschneiden. Flügel hinten, Kopf vorn am gestreiften Körper fixieren. Mit Filzstift das Gesicht aufmalen und mit Rouge die Wangen betonen. In den Kopf zwei Löcher stechen und einen ca. 12 cm langen Draht von hinten durchstecken. Die Drahtenden einrollen. In Füße und unteren Bauchrand ebenfalls Löcher einstechen und die Füße mit je ca. 3 cm langen Drähten befestigen.
Bastelschablone auf Seite 98.

Bienenfest

Motivgröße Tischkärtchen: ca. 9 cm
Motivgröße Bienenstecker: ca. 15 cm

Materialbedarf:

Für das Tischkärtchen:

- Tonkarton: hellgrün, grün, gelb, weiß und schwarz
- Filzstift: rot und schwarz
- Bastelfarbe: weiß
- Satinband, 3 mm breit: hellgrün

Für den Bienenstecker:

- Tonkarton: hellgrün, grün, gelb, weiß und schwarz
- Filzstift: rot und schwarz
- Nylonfaden

Bastelanleitung:

Tischkärtchen: Das Kärtchen aus Tonkarton ausschneiden und an den gestrichelten Linien falten. Seitlich Löcher einstanzen. Satinband durchziehen und verknoten. Die beiden Blüten ausschneiden, mit den Innenteilen ergänzen und auf dem Tischkärtchen fixieren. Die Grashalme zuschneiden, mit Namen und Geburtstagsdatum beschriften und hinter den gezackten Grasrand feststecken.

Die Biene aus Tonkarton ausschneiden. Mit Filzstift auf Vorder- und Rückseite das Streifenmuster aufmalen und das Gesicht gestalten. Flügelpaar fixieren und mit dem Schulterbesatz bedecken.

Bienenstecker: In einen längeren, aus Tonkarton ausgeschnittenen Grashalm ein Loch stechen und mit Nylonfaden eine Biene (siehe Tischkärtchen) und eine Blüte befestigen.

Tipp: Bienen und Blüten wirken lebendiger, wenn die Blattspitzen sowie Arme und Flügel leicht über einen Bleistift gezogen und nach außen gerollt werden.

Bastelschablone auf Seite 98/99.

Buttermilch-Mandelkuchen

...auch mal für zwischendurch

Zutaten:

Für den Teig:

- 400 g Mehl
- 1 Päckchen Backpulver
- 400 g Zucker
- 1/2 l Buttermilch
- 3 Eier

Für den Belag:

- 120 g Mandelblättchen
- 100 g Butter
- 2 EL Buttermilch
- 250 g Zucker
- 1 TL Zimt

Zubereitung:

Das mit Backpulver vermischte Mehl in eine Schüssel sieben. Zucker, Buttermilch und Eier hinzugeben und alles miteinander verrühren. Den Teig auf ein Backblech verteilen und bei ca. 180° C (Umluft ca. 160° C) 15 bis 20 Minuten backen.
Für den Belag ausgelassene Butter in eine Rührschüssel geben und mit Mandelblättchen und Buttermilch verrühren. Zimt unter den Zucker mischen und zu der Masse geben. Den Belag über den Kuchen streichen und nochmals bei gleicher Temperatur etwa 10 bis 15 Minuten bräunen lassen.

In der Hasenwerkstatt gibt es viel zu tun!

Auch Lumpi und Paul helfen eifrig mit, damit zu Ostern alles rechtzeitig fertig wird. Alle sind so bei der Sache, dass sie zunächst gar nicht bemerken, wie zwei Kinder neugierig durchs Fenster kiebitzen. Erst als Lumpi aufschaut, sieht er sie. „Hallo", ruft er. „Wollt ihr nicht hereinkommen und uns beim Anmalen der Eier helfen? Wir können noch fleißige Maler gebrauchen!"

Marzipaneier

...mit köstlicher Nougatfüllung

Zutaten (für ca. 16 Eier):

- 125 g Nougatmasse
- 1 Orange (unbehandelt)
- 100 g Marzipanrohmasse
- 75 g Puderzucker
- 1 Tropfen Bittermandelaroma
- Helle und dunkle Kuvertüre
- Zuckerperlen
- Gehackte Pistazien

Zubereitung:

Mit einem Messer die Nougatmasse in 16 Portionen teilen. Anschließend die Nougatstücke in der Hand zu kleinen Eiern formen und kalt stellen. Die Orange auspressen. Dann die Marzipanrohmasse mit dem Puderzucker, dem Mandelaroma sowie einem EL geriebene Orangenschale verkneten. Einige Spritzer frisch gepressten Orangensaft zufügen. Aus der Masse eine ca. 3 cm dicke Rolle formen und in 16 Stücke schneiden. Die Marzipanstücke flach drücken, je ein Nougatei auflegen, die Teigseiten hochklappen und ein Ei formen. Die Marzipaneier einige Zeit kalt stellen.

Helle und dunkle Kuvertüre im Wasserbad verflüssigen. Die Eier in die Kuvertüre tauchen und anschließend mit Zuckerperlen und Pistazien verzieren.

Mürbeteigschäfchen

...ganz schnell gemacht

Zutaten:

Für den Teig:

- 300 g Mehl
- 100 g Puderzucker
- 200 g Butter

Für die Streusel:

- 200 g Mehl
- 1 Prise Backpulver
- 200 g Zucker
- 150 g Butter
- Puderzucker zum Bestäuben

Zubereitung:

Mehl auf ein Backbrett sieben. In die Mitte eine Mulde drücken und Puderzucker hineingeben. Kleingeschnittene Butter auf den Mehlrand setzen und alle Zutaten miteinander zu einem glatten Teig verkneten. Dann eine Kugel formen, den Teig in Folie einwickeln und etwa 1 bis 1 1/2 Stunden kalt stellen. Den Teig etwa 5 mm dick ausrollen und Schäfchen formen. Dazu nach Vorlage eine Pappschablone anfertigen und auf den Teig legen. Die Konturen mit einem kleinen Messer nachziehen. Die Plätzchen auf einem Backblech verteilen. Für den Streuselbelag Mehl, Backpulver, Zucker und Butter zu einem bröseligen Teig verkneten. Die Streusel auf den Schäfchen verteilen. Die Teigohren auflegen. Die Mürbeteigschäfchen im vorgeheizten Backofen bei ca. 150° C bis 160° C etwa 25 Minuten backen. Nach dem Backen die Plätzchen einige Minuten auf dem Blech abkühlen lassen. Dann mit einem Spatel vom Blech abheben. Das Schäfchenfell mit Puderzucker bestäuben.

Tipp: Kleine runde Teigplätzchen ausstechen, mit Streuseln belegen und mit Puderzucker bestäuben.

Schäfchenschablone auf Seite 99.

Stups, der sitzende Hase

Motivgröße: ca. 15 cm

Materialbedarf:

- Tonkarton: hellbraun, blau, weiß und blau-weiß kariert
- Ursellepapier, weiß
- Fellrest: weiß
- Filzstift: schwarz
- Blumendraht, 2 x 30 cm lang: silber
- Trockenblumen: blau und weiß
- Schleifenband, 8 mm breit, 35 cm lang: dunkelblau
- Birkenreisig

Bastelanleitung:

Zuerst wird der Hase gearbeitet. Dazu aus Tonkarton die Einzelteile ausschneiden. Den Fellrest zwischen die Körperhälften legen und den Körper zusammenkleben, dabei die Ohren frei lassen. Innenohren ergänzen. Beidseitig Auge, Hemd und Hose fixieren. Die Beine zwischen die Hosenbeine, die Arme zwischen die Ärmel kleben. Dann Arme und Beine (nur) mit den oberen Enden am Hasen befestigen; sie können so später vom Körper weggebogen werden. Nähte sowie Pupille und Nasenlinie mit Filzstift andeuten. Um den Hals eine blaue Schleife binden. Nun aus Tonkarton die Schmetterlingsteile zuschneiden. Die Flügel sowie die beiden Drähte zwischen die Körperhälften legen und den Schmetterling zusammenkleben; die am Kopfende ca. 3 cm hervorschauenden Drahtenden einrollen. Einen Draht am Schwanzende um 13 cm kürzen und mit Hilfe einer Rundzange zu einer lockeren Spirale drehen. Das andere Drahtende als Halterung in einen kleinen Blumenstrauß einarbeiten. Den Strauß aus Birkenreisig und blauen und weißen Trockenblumen gestalten und mit Draht zusammenbinden.

Zum Schluss wird der Strauß mit Heißkleber zwischen die Hasenpfoten geklebt.

Bastelschablone auf Seite 100.

Lämmchen und Häschen

...gehören an Ostern einfach dazu

Zutaten:

Für den Teig:

- 175 g Butter oder Margarine
- 175 g Zucker
- 400 g Mehl
- 1 Päckchen Vanillinzucker
- 2 Eier
- 200 ml Milch
- 3 1/2 gestrichene TL Backpulver
- Semmelbrösel zum Ausstreuen der Backform

Für die Verzierung:

- Rosinen oder Mokkabohnen
- Schokoglasur
- Kokosraspel
- Puderzucker

Zubereitung:

Butter oder Margarine mit Zucker und Vanillinzucker in einer Schüssel schaumig schlagen. Die Eier nacheinander hinzufügen. Mehl mit Backpulver mischen, sieben und unter die Masse rühren, dabei nach und nach die Milch beigeben. Den Teig in eine gefettete und mit Semmelbrösel ausgestreute Lamm- bzw. Häschenform füllen.

Die Form in den Backofen schieben und bei ca. 180° C (Umluft ca. 170° C) etwa 45 Minuten (Häschen: ca. 35 Minuten) backen.

Das Lämmchen in der Form einige Zeit abkühlen lassen. Dann vorsichtig aus der Form lösen und mit gesiebtem Puderzucker bestäuben. Mit etwas Zuckerguss zwei Rosinen oder Mokkabohnen als Augen aufkleben. Der Hase wird mit Schokoglasur überzogen und mit Kokosraspeln bestreut.

Die Menge reicht für eine große Schäfchenform und eine kleine Hasenform; evtl. müssen die einzelnen Mengenangaben reduziert werden.

Hasenkette

Motivgröße: ca. 33 cm

Materialbedarf:

- Tonkarton: braun, hellbraun und weiß
- 3 Plastikeier, 4,5 cm
- Bastelfarben: gelb, violett, grün, orange und weiß
- Filzstift: schwarz
- Abstandsklebeband
- Karoband, 5 mm breit, je 25 cm lang: grün, blau und orange

Bastelanleitung:

Die Einzelteile der Hasen aus Tonkarton zuschneiden und an der Markierung mit dem Cutter einen Schlitz einritzen. Die Füße mit den Innenteilen ergänzen und anschließend mit Abstandsklebeband fixieren. Pupille, Nase und Barthaare mit einem schwarzen Filzstift andeuten. Um den Hals erhält jedes Häschen eine karierte Schleife. Den nach oben gereckten Arm an der gestrichelten Linie falzen und in den Körperschlitz des darüber befindlichen Hasen einhängen. Die Plastikeier nach Lust und Laune bunt bemalen. Nach dem Trocknen die Eier auf den Hasenkörper kleben.

Den freien Arm darüber legen und ebenfalls mit Klebstoff fixieren.

Tipp: Die Hasenkette lässt sich beliebig erweitern. Statt Plastikeier können Sie auch Tonkarton passend schneiden und bunt bemalen.

Bastelschablone auf Seite 99.

Zutaten:

Für den Teig:

- 5 Eier
- 200 g Zucker
- 1 Päckchen Vanillinzucker
- 150 g Butter oder Margarine
- 125 g Mehl
- 75 g Stärkemehl
- 2 TL Backpulver
- Abgeriebene Schale von 2 Zitronen (unbehandelt)

Für die Glasur:

- 200 g Vollmilch-Kuvertüre
- Geleefrüchte

Zitronenkuchen

...mit Schoko-Glasur

Zubereitung:

Zuerst die Eier trennen. Anschließend Eigelb, Zucker und Vanillinzucker in einer Schüssel schaumig schlagen. Zerlassene Butter oder Margarine nach und nach unter die Masse rühren.
Mehl, Stärkemehl, Backpulver und die abgeriebene Zitronenschale mischen und unter den Teig rühren. Eiweiß steif schlagen und unterheben. Den Teig in eine gefettete, mit Mehl bestäubte Rundform geben und im Backofen bei 200° C (Heißluft 175° C) ca. 30 Minuten backen.
Die Vollmilch-Kuvertüre schmelzen und auf dem erkalteten Gebäck verstreichen. Mit Geleefrüchten garnieren.

Osterkranz

...mit Korinthen und Mandeln

Zutaten:

- 750 g Mehl
- 60 g Hefe
- 175 g Zucker
- 175 ml lauwarme Milch
- 1/8 l saure Sahne
- 200 g Butter
- 1 Prise Salz
- 2 Eier
- 250 g Korinthen
- 100 g Mandelstifte
- 1 Eigelb
- 2-3 EL Milch

Zubereitung:

Mehl in eine Backschüssel sieben und in die Mitte eine Mulde drücken. Hefe in die Vertiefung bröckeln und mit etwas Zucker, Milch, Sahne und etwas Mehl verrühren. Den Teig an einem warmen Ort etwa 10 bis 15 Minuten gehen lassen.

Die geschmolzene Butter, den restlichen Zucker, Salz und Eier in die Schüssel geben und mit dem Hefevorteig verkneten. Den Teig nochmals abgedeckt an einem warmen Ort gut 30 Minuten gehen lassen.

Die Korinthen in einem Sieb mit heißem Wasser abwaschen und trocknen lassen.

Dann die Korinthen und die Mandelstifte unter den Hefeteig kneten. Den Teig teilen und zu drei Teigsträngen von ca. 60 cm Länge rollen. Die Teigrollen nochmals ca. 30 Minuten gehen lassen.

Anschließend die Teigstränge zu einem Zopf flechten und in Kranzform auf ein Backblech legen. Den Kranz mit in Milch geschlagenem Eigelb bestreichen und etwas Zucker bestreuen. Den Teig auf dem Blech 15 Minuten ruhen lassen.

Dann das Blech in den Ofen schieben und bei ca. 200° C (Umluft ca. 175° C) 35 bis 40 Minuten backen.

„Der Osterhase war da!“

Überall im Garten sind Eier versteckt. Vergnügt schauen Lumpi und Paul den Kindern beim Suchen zu. „Du, Lumpi", fragt Paul plötzlich. „Weißt du eigentlich, warum wir Mäuse eine so große Nase haben?" „Nein, warum denn?" „Na, ist doch ganz einfach: Damit wir beim Eiersuchen unsere Käseeier schneller finden!"

Häschen im Bogen

Motivgröße: ca. 26 cm

Materialbedarf:

- Tonkarton: rehbraun, hautfarben, blau, rot und weiß
- Filzstift: schwarz
- Blumendraht, ca. 35 cm lang
- Mini-Efeugirlande, ca. 40 cm lang
- Satinband, 2 mm breit, je 50 cm lang: blau, gelb, grün; ca. 90 cm lang: rot
- 7 Streukäfer, ca. 1 cm

Bastelanleitung:

Die Einzelteile des Hasen aus Tonkarton ausschneiden. Beidseitig Hemd und Hose fixieren. Vorn Innenohren, Schnauze und Knöpfe, hinten das Stummelschwänzchen ergänzen. Gesicht sowie Zehen und Hosenfalten werden mit einem schwarzen Filzstift aufgemalt.

Aus Blumendraht einen Halbbogen biegen und eine Mini-Efeugirlande herumwickeln. In die Hasenpfoten je ein Loch stanzen und den Bogen mit den Drahtenden durch die Löcher ziehen. Die Drahtenden umbiegen. Den Efeubogen mit kleinen Streukäfern und einer Schleife aus jeweils 50 cm langen bunten Satinbändern verzieren. Zuletzt ein 40 cm langes rotes Satinband als Aufhängeband befestigen.

Bastelschablone auf Seite 100.

Ananaskuchen

...saftig und lecker

Zutaten:

Für den Teig:

- 200 g Butter
- 200 g Zucker
- 1 Päckchen Vanillinzucker
- 4 Eier
- 200 g Mehl
- 1/2 Päckchen Backpulver

Für den Belag:

- 2 Dosen Ananas in Scheiben
- 1000 ml Sahne
- 2 Päckchen Puddingpulver Vanillegeschmack
- 5 EL Zucker

Für den Guss:

- 1/4 l Weißwein
- 1/4 l Ananassaft
- 2 Päckchen Tortenguss (hell)

Zubereitung:

Die Butter mit dem Zucker und Vanillinzucker schaumig rühren. Anschließend die Eier nacheinander zugeben. Das mit Backpulver vermischte und gesiebte Mehl nach und nach unter den Teig rühren.

Den Teig auf ein tiefes Backblech geben und im Backofen bei 160° C bis 180° C etwa 15 Minuten backen. In der Zwischenzeit die Ananasscheiben abtropfen lassen. Aus der Sahne, dem Puddingpulver und dem Zucker einen Vanillepudding herstellen. Den Pudding noch heiß auf den erkalteten Blechkuchen verteilen, darauf die abgetropften Früchte legen.

Aus Wein, Ananassaft und zwei Päckchen Tortenguss nach Anleitung auf der Verpackung einen hellen Guss anrühren und über den Kuchen gießen.

Nach dem Erkalten kann der Ananaskuchen angeschnitten werden.

Rüblitorte

...passend zur Jahreszeit

Zutaten:

Für den Teig:

- 250 g geriebene Mandeln
- 100 g Mehl
- 1 gestrichener TL Backpulver
- Abgeriebene Schale einer Zitrone (unbehandelt)
- 1 Msp. Zimt
- 1 Msp. Nelkenpulver
- 5 Eier
- 250 g Zucker
- 250 g geriebene Karotten

Für den Guss:

- 200 g Puderzucker
- 5 - 6 EL Zitronensaft

Für die Verzierung:

- Karotten und Blüten aus Zuckerwerk
- 50 g gehackte Pistazien
- Puderzucker zum Bestäuben

Zubereitung:

Die geriebenen Mandeln mit Mehl, Backpulver, Zitronenschale, Zimt und Nelkenpulver gut vermischen.

Die Eier trennen. Eigelb mit etwa 200 g Zucker in einer Schüssel schaumig schlagen. Das Eiweiß mit dem restlichen Zucker steif schlagen. Die geriebenen Karotten unter die Eigelbmasse rühren.

Zunächst 1/3 des Eischnees unter die Eigelbmasse heben. Dann den restlichen Schnee zufügen und die Mandelmischung darüber geben. Alles mit dem Schneebesen locker vermengen.

Eine Springform einfetten und die Masse vorsichtig hineinfüllen. Die Torte im Backofen bei ca. 190°C (Umluft ca. 175°C) etwa 50 Minuten backen.

Für den Guss Puderzucker sieben und mit Zitronensaft zu einer dickflüssigen Masse verrühren. Die Rüblitorte mit dem Zitronenguss bestreichen. Die Torte mit kleinen Karotten und Blüten verzieren. Den Rand und die Mitte mit gehackten Pistazien bestreuen. Zum Schluss etwas Puderzucker darüber sieben.

Frühlingsplätzchen

...die schmecken auch dem Osterhasen

Zutaten:

Für den Teig:

- 100 g Butter
- 100 g Zucker
- Saft und abgeriebene Schale einer halben unbehandelten Zitrone
- 2 Eier
- 250 g Mehl
- 125 g Speisestärke
- 1 Msp. Backpulver
- Ausstechförmchen

Für den Guss:

- 125 g Puderzucker
- 2 EL Zitronensaft
- einige Tropfen Rumaroma
- Speisefarben

Für die Verzierung:

- Zuckerdekor, Schokoladenstreusel, Kokosraspel

Zubereitung:

Für den Teig Butter, Zucker, Zitronensaft und die abgeriebene Zitronenschale vermengen und in einer großen Schüssel schaumig rühren. Die Eier nach und nach unter die Masse schlagen. Anschließend Mehl, Speisestärke und Backpulver vermischen und in die Schüssel sieben. Alle Zutaten zu einem glatten Teig verkneten. Die Teigkugel in Folie einschlagen und dann ca. 1 Stunde kalt stellen.

Danach den Teig auf einer bemehlten Fläche etwa 4 mm dick ausrollen.

Typische Frühlings- und Ostersymbole wie Hasen, Eier, Blüten und Küken ausstechen und auf ein mit Backpapier ausgelegtes Kuchenblech legen.

Die Plätzchen im vorgeheizten Backofen bei ca. 180° C (Umluft ca. 160° C) etwa 15 Minuten backen. Das Gebäck aus dem Ofen nehmen und auskühlen lassen.

Für den Guss 125 g Puderzucker sieben und mit Zitronensaft und einigen Tropfen Rumaroma zu einer dickflüssigen Masse verrühren. Die Glasur dann portionsweise mit Speisefarben einfärben und den Guss auf die Plätzchen streichen.

Die Frühlingsplätzchen nach belieben mit buntem Zuckerdekor, Schokostreuseln und Kokosraspeln verzieren.

Plitsch! Platsch! Plitsch! Platsch!

„Ist Aprilwetter nicht toll?", ruft Paul und springt mit viel Schwung in eine große Pfütze. Lumpi lässt sich lieber vom Regenbogen verzaubern. Er findet Sonnenschein viel schöner. Nicht mehr lang, denkt er, dann ist Pauls Badespaß vorbei und die Sonne vertreibt die dunklen Regenwolken.

Kunterbunte Tischgesellen

Motivgröße: ca. 15 cm

Materialbedarf:

- Styroporplatte, ca. 18 mm stark, 10 cm x 20 cm
- 2 Styroporkugeln, Ø 6 cm
- Wattekugeln, 4 x Ø 15 mm, 2 x Ø 12 mm
- Aludraht, Ø 2 mm, 20 cm lang: schwarz
- Bastelfarben: orange, hellblau, dunkelblau, weiß und schwarz
- Zahnstocher

Bastelanleitung:

Die beiden Schnecken werden mit einem Cutter oder einem scharfen Messer aus einer Styroporplatte ausgeschnitten. Die Kanten vorsichtig abrunden. Dann können die Schnecken mit Bastelfarben kunterbunt angemalt werden.
Wenn die Farben getrocknet sind, von den großen Styroporkugeln jeweils ein kleines Käppchen abschneiden. Auf die Schnittfläche Leim oder Styroporkleber streichen, einen Zahnstocherrest einstecken und die Kugeln auf den Schneckenrücken platzieren. Die als Nasen gedachten kleinen Wattekugeln werden ebenfalls mit Klebstoff und einem „Zahnstocherdübel" fixiert. Die Fühler bestehen aus je einem 5 cm langen Aludraht. Die Drähte in die Schneckenköpfe stecken, die Drahtenden mit je einer schwarz grundierten Wattekugel (Ø 15 mm) ergänzen.

Tipp: Spießen Sie die Motivteile auf Schaschlikstäbchen. Das Bemalen geht leichter und die Teile können zum Trocknen in ein Gefäß gestellt werden.

Bastelschablone auf Seite 101.

Anna

Zur Kommunion und Konfirmation

Materialbedarf:

Für den Serviettenring:

- Metallfolie
- Tonkarton: blau
- Silberdraht, Ø 0,4 mm
- Satinband, 5 mm breit, ca. 50 cm lang: dunkelblau

Für den Kerzenschmuck:

- Minibuchsgirlande, ca. 30 cm lang
- Miniefeugirlande, ca. 20 cm lang
- Metallfolie
- Satinband, 3 mm breit, je 120 cm lang: dunkelblau und weiß
- Tonkarton: blau
- Silberdraht, Ø 0,4 mm

Kleine Tischfalter:

- Tonkarton: dunkelblau
- Silberdraht, Ø 0,4 mm
- Glasschliffperlen, Ø 4 mm: blau

Für die Karte:

- Tonkarton: weiß und dunkelblau
- Tonpapier: hellblau
- Transparentpapier mit Prägung (120 g): blau
- Silberdraht, Ø 0,4 mm
- 4 Glasschliffperlen, Ø 4 mm: blau
- Satinband, 3 mm breit, ca. 60 cm lang: hellblau
- Motivlocher Blume

Motivgröße Serviettenring: ca. 7 cm,
Motivgröße kleine Tischfalter: ca. 6 cm,
Kartengröße: 21 cm x 11 cm

Bastelanleitung:

Serviettenring: Die Grundform des Schmetterlings aus Metallfolie schneiden. Mit einer Nadel die Löcher für die Fühler einstechen. Durch die Löcher einen ca. 7 cm langen Draht ziehen, die Drahtenden mit einer Rundzange einrollen. Aus Tonkarton die Deckflügel ausschneiden. Die Flügel in der Mitte falten und auf den Schmetterling kleben. Zuletzt ein Satinband unterkleben. Die Bandenden einfach um die gerollte oder gefaltete Serviette legen und zu einer Schleife binden.

Kerzenschmuck: Zu Beginn aus der Minibuchsgirlande einen Kranz von ca. 5 cm Ø arbeiten und anschließend mit der Miniefeugirlande umwickeln. Die Satinbänder doppelt legen und am Kränzchen zur Schleife binden.
Auf die Bandenden kleine Schmetterlinge kleben *(Anleitung siehe Serviettenring oben).*

Kleine Tischfalter: Die Schmetterlinge aus Tonkarton ausschneiden. Die Körper bestehen aus einem ca. 12 cm langen Silberdraht, der zur Hälfte gelegt wird. Die Flügel zwischen den Draht legen und den Draht ineinander verdrehen. Die Drahtenden auseinander spreizen und mit Glasschliffperlen verzieren.

Karte: Aus dunkelblauem und weißem Tonkarton je ein Rechteck von 21 cm x 21 cm, aus Transparentpapier ein Rechteck von 14 cm x 21 cm zuschneiden. Die Zuschnitte in der Mitte falten und ineinander legen. Um den Falz ein Satinband legen und verknoten. Zwei Schmetterlinge arbeiten (Anleitung siehe kleine Falter) und auf dem Transparentpapier fixieren. Dazwischen einige mit einem Motivlocher ausgestanzte Blumen verteilen. Zum Schluss den Rand des weißen Kartendeckels mit einer Büttenrandschere beschneiden.

Anleitung Tischkärtchen siehe Seiten 68/69.
Bastelschablonen auf Seite 101.

Festtagstorte

...mit leckerer Pfirsich-Füllung

Zutaten:

Für den Teig:

- 4 Eier
- 4 EL heißes Wasser
- 125 g Zucker
- 1 Päckchen Vanillinzucker
- 75 g Mehl
- 75 g Stärkemehl
- 1 Messerspitze Backpulver

Für die Füllung:

- 2 Dosen Tortenpfirsiche
- 8 Blatt Gelatine (weiß)
- 3 Becher Sahne à 200 ml
- 30 g Zucker
- 2 cl Rum

Für die Verzierung:

- 2 Becher Sahne à 200 ml
- 2 Päckchen Vanillinzucker
- 2 Päckchen Sahnesteif
- 8 Pfirsichspalten
- Schokoflocken
- Gehackte Pistazien

Zubereitung:

Eier trennen. Eigelbe, heißes Wasser, Zucker und Vanillinzucker in einer Schüssel schaumig schlagen bis sich eine dicke cremige Masse bildet. Eiweiße sehr steif schlagen und auf die Masse geben. Mehl, Stärkemehl und Backpulver miteinander vermischen und auf das Eiweiß sieben. Dann die Masse vorsichtig vermengen, jedoch nicht verrühren.

Den Biskuitteig in eine mit Backpapier ausgelegte Springform füllen und im vorgeheizten Backofen bei ca. 190° C (Umluft ca. 170° C) etwa 30 Minuten backen. Den Tortenboden aus der Form nehmen und mehrere Stunden auskühlen lassen. Den Boden einmal quer durchschneiden.

Pfirsiche abtropfen lassen. Blattgelatine einweichen. Dann 300 g Pfirsiche pürieren und anschließend durch ein Sieb streichen. Den unteren Biskuitboden mit den restlichen Pfirsichen belegen. 3 Becher Sahne und 30 g Zucker steif schlagen und das Pfirsichpüree unter die Sahne heben. Rum zugeben. Gelatine auflösen und ebenfalls unter die Sahne rühren. Die Sahnemischung auf den mit Pfirsichen belegten Boden streichen. Den oberen Tortenboden auflegen und die Torte einige Zeit kalt stellen.

Für die Verzierung Sahne mit Vanillinzucker und Sahnesteif steif schlagen und auf der Torte verstreichen. 16 Sahnerosetten aufspritzen. Pfirsichspalten teilen und auf die Rosetten geben. Die Tortenmitte mit Pistazien und Schokoflocken bestreuen.

„Dort, auf der Wiese,
ein Maibaum!“...

Sofort jagt Paul den Hügel hinab zu den Kindern, die lustig um den Baum herum hüpfen und springen. Schnell hat er sich die Ziehharmonika gegriffen und spielt zum Tanz auf. Lumpi reiht sich in den Kreis der Kinder ein und schon schallt es fröhlich über die Wiese: „Der Mai ist gekommen!"

Für Mama

Muttertags-herzen

Zutaten:

Für den Teig:

- 300 g tiefgefrorener Blätterteig (in Scheiben)
- 20 g Zucker
- 40 g Mandelblättchen

Für die Füllung:

- 500 g tiefgefrorene Himbeeren
- 200 ml Milch
- 2 Päckchen Puddingcreme Vanillegeschmack (ohne Kochen)
- 400 ml Sahne
- 2 Päckchen Vanillinzucker
- 2 Päckchen Sahnesteif

...mit leckerer Himbeercreme

Zubereitung:

Den Blätterteig nach Packungsangaben auftauen lassen. Anschließend die Blätterteigplatten übereinander legen und etwas zusammendrücken. Den Teig dünn ausrollen. Aus dem Teig beliebig große Herzen ausschneiden. Den Teig mit einer Gabel einstechen und mit Wasser einpinseln. Die Herzen mit Zucker und Mandelblättchen bestreuen. Die Gebäckherzen im Backofen bei 190° C (Umluft ca. 180° C) etwa 15 Minuten backen. Himbeeren auftauen lassen, einige Früchte für später zur Seite stellen. Die Beeren mit der Milch pürieren. Anschließend die Masse mit der Puddingcreme verrühren und mit dem Handrührgerät ca. 3 bis 4 Minuten schlagen. Die Masse im Kühlschrank gut 30 Minuten kalt stellen.

Die Sahne mit Vanillinzucker und Sahnesteif steif schlagen und dann unter die kalte Himbeercreme geben. Blätterteigherzen vorsichtig quer durchschneiden.

Die Himbeer-Sahne-Creme mit Hilfe eines Spritzbeutels auf die unteren Herzböden spritzen. Mit den ganzen Früchten belegen und mit den oberen Herzhälften abdecken.

Herziges zum Muttertag

Motivgröße Karte: ca. 12 cm ♥ Motivgrößen Metallständer: ca. 9 cm und 11 cm

Materialbedarf:

Für die Karte:

- Tonkarton mit aufgedruckten Herzen: orange
- Tonkarton: weiß
- Abstandsklebeband
- Satinband, 3 mm breit, 40 cm lang: weiß
- Motivlocher „Herz"

Für die Metallständer:

- Aludraht, Ø 2 mm, 2 x 40 cm lang
- Styroporherz, 5 cm
- Bastelfarbe: rot und weiß
- Tonkarton: orange, rot und weiß
- Abstandsklebeband
- Satinband, 3 mm breit, 25 cm lang: orange
- Motivlocher „Herz"

Bastelanleitung:

Karte: Die Karte aus Tonkarton ausschneiden und an der gestrichelten Linie zu einer Klappkarte falten. Die Innenkarte aus weißem Tonkarton wird etwas kleiner zugeschnitten und eingeklebt. In den Karton die Löcher einstanzen und die Karte mit weißem Satinband verschließen. Den sichtbaren Ausschnitt der Innenkarte mit einigen ausgestanzten Herzen dekorieren; die Herzen mit Abstandsklebeband fixieren. Auch die Bandenden mit Herzen verzieren.

Herzständer: Den Aludraht um einen Flaschenhals winden, das obere Drahtende nach oben biegen. Das Styroporherz rot anmalen und auf das Drahtende stecken. Die weißen Herzen ausstanzen und mit Abstandsklebeband fixieren. Zuletzt die orangefarbene Schleife ergänzen, die Bandenden mit roten Herzen bekleben.

Kärtchenhalter: Das eine Drahtende wird an einem Ende mit Hilfe einer Zange nach Vorlage zu einem Herz geformt, der Standfuß anschließend über einen Flaschenhals gebogen. Aus Tonkarton das Namensschild schneiden und zusammenkleben. Mit weißer Bastelfarbe beschriften. Die mit einem Motivlocher ausgestanzten Herzen mit Abstandsklebeband fixieren. Zuletzt das Kärtchen in den Halter klemmen.

Bastelschablone auf Seite 101.

Vogelnester

...für den Frühstückstisch

Zutaten:

- 250 g Quark
- 3 EL Zucker
- 1 Prise Salz
- 1 Ei
- 7 EL Öl
- 350 g Mehl
- 1 EL Backpulver

- Eigelb zum Bestreichen

- 8 Eier
- Eierfarben

Zubereitung:

Quark, Zucker, Salz, Öl und Ei in einer Schüssel verrühren. Mehl und Backpulver vermischen und in die Quark-Öl-Masse sieben. Alles miteinander verkneten. Den Teig in 16 Portionen teilen und die Teigstücke auf einer bemehlten Fläche zu etwa 25 cm langen Rollen formen.
Jeweils zwei Stränge miteinander zu einer Kordel verdrehen und auf ein mit Backpapier ausgelegtes Kuchenblech zu einem Nest zusammenlegen.

Die Vogelnester mit Eigelb bestreichen. Die Eier etwa 5 Minuten kochen und anschließend in die Nester setzen. Die Vogelnester im vorgeheizten Backofen bei 180° C (Umluft ca. 160° C) etwa 25 Minuten backen. Die Vogelnester können auch erst nach dem Backen mit den gekochten Eiern bestückt werden. Sehr schön wirkt es, wenn die Eier mit Eierfarben eingefärbt werden.

Lumpis Lieblingsknochen

... mit Mandarinen-Aprikosenfüllung

Zutaten (für ca. 10 Stück):

Für den Teig:

- 1/4 l Wasser
- 1 Prise Salz
- 60 g Butter oder Margarine
- 150 g Mehl
- 30 g Speisestärke
- 4 bis 5 Eier
- 2 Messerspitzen Backpulver

Für die Verzierung:

- 100 g Vollmilch-Kuvertüre
- 25 g Puderzucker

Für die Füllung:

- 150 g Aprikosenmarmelade
- Mandarinen aus der Dose
- 400 ml Schlagsahne
- 2 Päckchen Vanillinzucker
- 2 Päckchen Sahnesteif

Zubereitung:

Wasser, Butter und Salz in einem Stieltopf zusammen aufkochen lassen. Mehl und Speisestärke vermischen und auf einmal in die vom Herd genommene Flüssigkeit schütten. Die Masse kräftig durchrühren und auf der Herdplatte unter Rühren weiter abbrennen bis sich die Masse als Kloß vom Topf löst und sich auf dem Boden eine weiße Teighaut bildet. Den heißen Kloß in eine Rührschüssel geben.
Mit dem Handrührgerät nacheinander die Eier hinzufügen. Zwischendurch die Teigkonsistenz prüfen. Wenn der Teig stark glänzt und so vom Knethaken abreißt, dass lange Teigspitzen hängen bleiben, wird kein weiteres Ei benötigt. Zuletzt das Backpulver in den erkalteten Teig einrühren.
Den Brandteig in einen Spritzbeutel mit Sterntülle füllen und in nicht zu engem Abstand etwa 20 Streifen von ca. 9 cm Länge auf ein gefettetes und bemehltes Backblech spritzen.
Im vorgeheizten Backofen bei 200° C (Umluft 180° C) ca. 25 bis 30 Minuten backen. In den ersten 20 Minuten die Backofentür nicht öffnen, da das Gebäck sonst zusammenfällt. Nach dem Backen die Knochen sofort waagerecht durchschneiden und das Gebäck auf einem Kuchengitter auskühlen lassen.
Die Kuvertüre schmelzen und die Enden der oberen Gebäckhälften damit überziehen. Die unteren Hälften mit Aprikosenmarmelade bestreichen und mit den abgetropften Mandarinen belegen. Sahne mit Vanillinzucker und Sahnesteif steif schlagen und auf die Früchte spritzen. Die Deckel auflegen und die Knochen mit Puderzucker bestäuben.

„Noch einige Tupfer Creme hier,

...und einige Tupfer dort, und die Hochzeitstorte ist fertig." Stolz betrachten Lumpi und Paul ihr imposantes Backwerk. „Aber jetzt", meint Paul, „müssen wir natürlich auch probieren." Und schon hat er mit seiner Pfote einen Cremetupfer in seinen Mund befördert.

„Mhhmm, schmeckt echt lecker!", ist sein eindeutiges Urteil.

Obsttorte ...mit Sahne-Schmand-Haube

Zutaten:

Für den Teig:

- 3 Eier
- 7 EL Öl
- 7 EL Zucker
- 7 EL Mehl
- 2 gestrichene TL Backpulver

Für den Belag:

- 500 g tiefgekühlte Himbeeren
- 2 Becher Sahne à 200 ml
- 3 Päckchen Sahnesteif
- 1 Becher Schmand à 200 ml
- 1 Päckchen Getränkepulver Himbeergeschmack

Für die Verzierung:

- Himbeeren
- Mini-Baisers

Zubereitung:

Eier, Öl und Zucker in eine Schüssel geben und miteinander verrühren. Mehl mit Backpulver mischen, in die Masse sieben und zu einem glatten Teig verrühren. Den Teig in eine gefettete und mit Mehl bestäubte Springform von 26 cm Ø füllen und im Backofen bei 200°C (Heißluft ca 180°C) 20 Minuten backen. Den Tortenboden aus dem Backofen nehmen und in der Form erkalten lassen.
Himbeeren auftauen lassen;
16 Früchte als Garnitur zur Seite legen.
Mit den restlichen Himbeeren den Tortenboden belegen. Sahne kurz anschlagen, dann Sahnesteif hinzufügen und die Sahne mit dem Mixer sehr steif schlagen. Anschließend den Schmand hinzufügen. Zuletzt das Getränkepulver hinzugeben.
Die Sahne-Schmand-Masse auf den Tortenboden heben und glatt streichen. Dann die Springform vorsichtig lösen.
Die Torte mit Himbeeren und Mini-Baisers dekorieren.

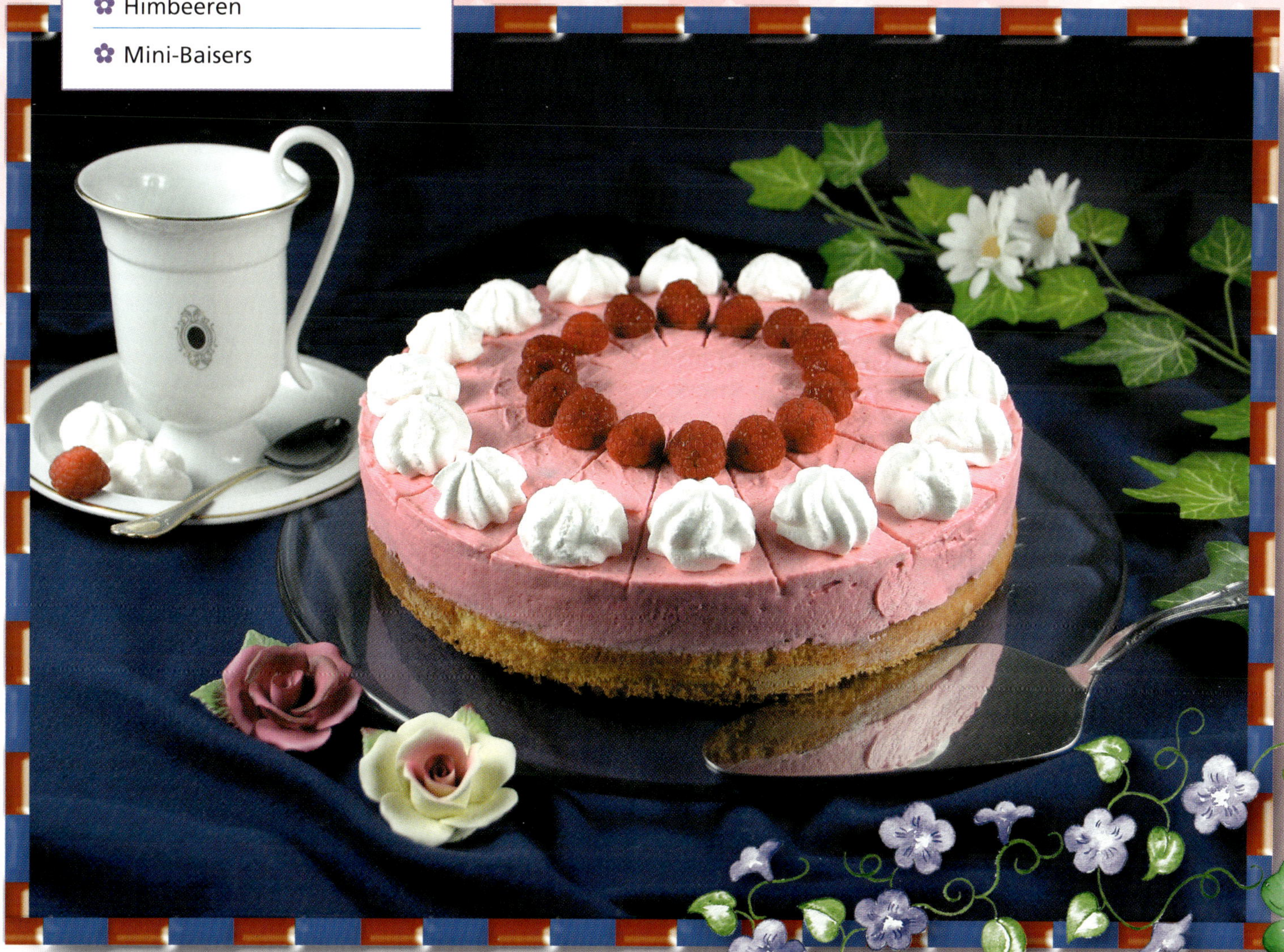

Encre · Tinta

Hoch lebe das Brautpaar

Größe Hochzeitskarte: ca. 13 cm
Größe Tischkärtchen: ca. 12 cm

Materialbedarf:

Hochzeitskarte:

- Tonkarton: hautfarben, weiß und schwarz
- Tortenspitze
- Creme Rouge
- Filzstift: schwarz
- Goldstift
- Abstandsklebeband
- Schleifenband, 4 mm breit, ca. 25 cm lang: gold

Tischkärtchen:

- Tonkarton: hautfarben, weiß und schwarz
- Tortenspitze
- Creme Rouge
- Filzstift: schwarz
- Goldstift
- Abstandsklebeband
- Schleifenband, 4 mm breit, ca. 25 cm lang: gold
- Dekoband, 5 cm breit, 25 cm lang: weiß mit goldenen Tupfen

Bastelanleitung:

Hochzeitskarte: Die Grundform der Herzkarte nach Vorlage an der gestrichelten Linie doppelt ausschneiden und zu einer Klappkarte falten. Die Löcher beim Brautpaar ausstanzen und die Karte mit einem Goldstift umranden. Aus Tortenspitze den Schleier schneiden und hinter die Braut kleben. Goldband durch die gestanzten Löcher ziehen und vorn zu einer Schleife binden. Augen fixieren und Pupillen und Gesicht mit Filzstift gestalten, die Wangen mit Creme Rouge betonen. Nasen und Zylinder mit Abstandsklebeband befestigen, die Nase ebenfalls mit Creme Rouge tönen. Dann das Paar mit Abstandsklebeband auf die Karte kleben.

Tischkärtchen: Das Tischkärtchen aus Tonkarton ausschneiden. Die gestrichelte Linie falzen, die gepunktete mit einem Cutter auftrennen. Löcher ausstanzen. Die Köpfe des Brautpaars wie bei der Karte gestalten. Das schmale Goldband durch die Löcher fädeln; aus dem Dekoband eine Schleife binden und am Goldband befestigen. Mit einem Goldstift das untere Kartenteil umranden sowie das Hochzeitsdatum aufschreiben und die Ringe aufmalen.

Bastelschablone auf Seite 102.

Hochzeitspaar Motivgröße: ca. 32 cm

Bastelanleitung:

Den Stiel des kürzeren Kochlöffels weiß, den anderen schwarz grundieren. Die Köpfe hautfarben bemalen und die Gesichter gestalten. Die Wangen werden mit Creme Rouge hervorgehoben. Dann fixieren Sie die Nasen mit Abstandsklebeband. Den Bräutigam mit seinem Filzzylinder ergänzen. Die Filzschleife in der Mitte raffen und am Hals fixieren. Die Braut erhält einen Schleier aus Tüll und eine Perlenkette; dazu die Perlen auf einen Baumwollfaden ziehen und die Kette umbinden.

Binden Sie die Figuren mit Golddraht zusammen. Dann aus dem Dekoband eine große Schleife binden und mit schmalen Goldband fixieren. Die Enden des Goldbandes lang herunter hängen lassen und mit zwei kleinen Kränzen aus Minibuchsgirlande verzieren. Zuletzt aus Tonkarton das Schildchen ausschneiden und gold umranden. Die Klebeschrift anbringen und das Schild auf die Bandenden kleben.

Bastelschablone auf Seite 102.

Materialbedarf:

- 2 Kochlöffel aus Holz, 1 x 28 cm lang, 1 x 25 cm lang
- Tonkarton: hautfarben
- Bastelfarbe: hautfarben, weiß und schwarz
- Creme Rouge
- Goldstift
- Abstandsklebeband
- Tüll, 15 cm x 15 cm: weiß
- Glitzerfilz: weiß und schwarz
- 8 Wachsperlen, Ø 4 mm
- Glasschliffperle, Ø 6 mm
- Baumwollfaden: weiß
- Golddraht
- Schleifenband, 4 mm breit, ca. 25 cm lang: gold
- Dekoband, 5 cm breit, 25 cm lang: weiß mit goldenen Tupfen
- Minibuchsgirlande, 20 cm lang
- Gold-Klebeschrift „Herzlichen Glückwunsch"

Vogelmobile

Motivgröße: ca. 45 cm

Bastelanleitung:

Für dieses Mobile benötigen Sie drei kleine und einen großen Vogel. Schneiden Sie die Motivteile aus Tonkarton aus. Schnabel und Füße zwischen den Vogelkörper kleben. Anschließend die Flügel platzieren, dabei Klebstoff nur im oberen Flügelbereich auftragen, so lassen sich die Flügel etwas vom Körper wegbiegen. Den Schwanz sowie den Brustbereich mit Creme Rouge abtönen, die Augen mit Filzstift aufmalen. Aus Birkenreisig drei Ringe von ca. 6 cm Ø formen und mit dünnem Draht zusammenbinden. Die Maße des großen Birkenovals betragen ca. 14 cm x 10 cm. Die Vögel mit Heißkleber in die Birkenkränzchen setzen. Dann die kleinen Kränzchen mit Satinbändern am großen Oval anknoten. Aus Tonkarton mehrere Blüten ausschneiden und beidseitig an den Bändern fixieren. Zusätzlich drei Schleifen aus je 20 cm langem Karoband binden und platzieren. Aufgehängt wird das Vogelmobile an einem 50 cm langen karierten Aufhängeband.

Bastelschablone auf Seite 103.

Materialbedarf:

- Tonkarton: creme, orange, hellgrün und braun
- Satinband, 3 mm breit, 25 cm lang: hellgrün; 20 cm lang: orange
- Karoband, 5 mm breit, 110 cm lang: orange-weiß
- Filzstift: schwarz
- Creme Rouge
- Dünner Draht
- Birkenreisig

Tobias
10. März
BABY

Zur Geburt

Motivgröße Überraschungsbär: ca. 18 cm
Motivgröße Klammerkätzchen: ca. 10 cm
Kartengröße: ca. 17 cm

Materialbedarf:

Überraschungsbär:

- Tonkarton: hellbraun, hautfarben, hellblau und weiß
- Filzstift: schwarz
- Schleifenband, 1 cm breit, ca. 40 cm lang: blau.
- Miniwäscheklammer

Karte:

- Tonkarton: hellbraun, hautfarben, hellblau und weiß
- Tonkarton: blau-weiß kariert
- Filzstift: schwarz
- Abstandsklebeband
- Baumwollfaden: weiß

Klammerkätzchen:

- 2 Wäscheklammern
- Tonkarton: rosa und hellblau
- Bastelfarbe: rosa, hellblau und weiß
- Filzstift: rosa, blau und schwarz

Bastelanleitung:

Überraschungsbär: Aus Tonkarton die Motivteile zuschneiden. Beidseitig das Auge fixieren und die Pupille mit Filzstift aufmalen. Auch die Nase sowie das Gesicht werden mit einem Filzstift gestaltet. Den Nasenfleck aufkleben. Die blaue Schleife um den Hals binden. Die Arme nach vorne biegen und mit einer Miniwäscheklammer zusammenhalten.
Den Schnuller beidseitig mit dem blauen Rand bekleben. Name und Geburtsdatum mit Filzstift aufschreiben und den Schnuller ebenfalls mit der Klammer fixieren.
Karte: Aus weißem Tonkarton die Karte an der gestrichelten Linie doppelt ausschneiden und zu einer Klappkarte falten. Schnuller und Rand fixieren. Den Bärenkopf wie oben beschrieben arbeiten und auf die Kartenrückseite kleben.
Mit einem Filzstift die Linien aufmalen. Die beiden Pfoten werden mit Abstandsklebeband befestigt, dabei die beiden an weißen Fäden hängenden Tonkartonherzen gleich mit fixieren.
Klammerkätzchen: Zu Beginn die Metallfedern lösen. Dann die Klammern weiß grundieren und mit dem rosafarbenen Punkt- und dem hellblauen Streifenmuster verzieren. Die Klammern wieder zusammensetzen. Aus Tonkarton die Köpfe ausschneiden. Das Gesicht mit einem schwarzen Filzstift auftragen. Die Ohren bei der einen Katze in Rosa, bei der anderen in Blau absetzen. Zuletzt die Kätzchen auf den Wäscheklammern festkleben.
Bastelschablone auf Seiten 104/105.

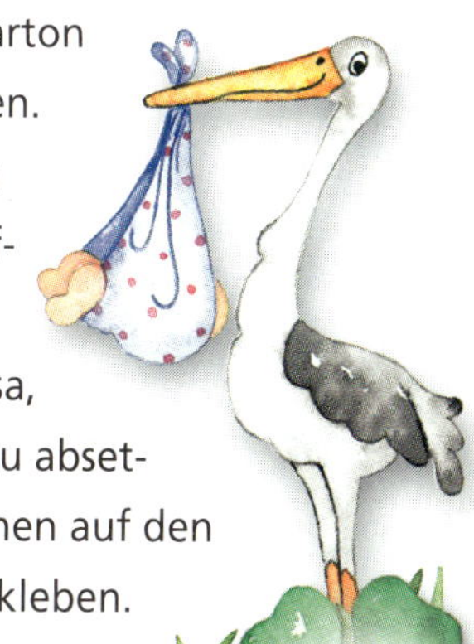

Heute haben Lumpi und Paul besonders gute Laune. Sofort nach dem Frühstück haben sie sich auf den Weg zum Gänseteich gemacht, wo sie einen schönen Tag verbringen möchten. Lumpi wirft die Angel aus, sein kleiner Mäusefreund lässt Segelschiffchen auf dem Wasser dahin gleiten. „Es hat jemand angebissen!", ruft Lumpi plötzlich und zieht einen alten Schuh aus dem Wasser. „Klasse", meint Paul nur. „Jetzt noch schnell den anderen geangelt und du hast ein neues Paar Stiefel."

Wer fängt die meisten Fische?

...das magische Angelspiel

Materialbedarf:

- Leere Eiscreme-Box
- Tonkarton in bunten Farben
- Filzstift: schwarz
- Hologrammfolie in mehreren Farben
- Büroklammern
- Seidenpapier: blau
- Rundholz, Ø 8 mm, 22 cm lang
- Alufolie
- Magnet
- Silberband

Bastelanleitung:

Die leere Box außen mit silberfarbener Hologrammfolie bekleben und innen mit Seidenpapier auspolstern. Um den Rand Silberband knoten.

Als Angel dient ein mit Alufolie umwickeltes Rundholz, an dessen Ende ein mit einem Magneten versehenes Silberband befestigt wird.

Die zu angelnden Motive aus Tonkarton ausschneiden und beidseitig mit Hologrammfolie verzieren. Augen mit Filzstift aufmalen.

Damit der Magnet an der Angel auch zugreifen kann, wird auf jedes Motiv eine Büroklammer gesteckt.

Jetzt kann geangelt werden! Die einzelnen Figuren erhalten unterschiedliche Punktwerte. Wer die meisten Punkte erangelt, ist der magische Zauberangler.

Bastelschablone auf Seite 103.

Quaaktorte

... Froschkonzert zur Kaffeezeit

Zutaten:

Für den Teig:

- 150 g Butter
- 150 g Zucker
- 1 Päckchen Vanillinzucker
- 3 Eier
- 125 g Mehl
- 25 g Speisestärke
- 1 gestrichener EL Backpulver

Für die Füllung:

- 1 Dose geschnittene Pfirsiche
- 2 Päckchen gemahlene Gelatine (weiß)
- 10 EL Wasser
- 2 Eier
- 150 g Zucker
- 8 EL Zitronensaft
- 250 g Quark (Magerstufe)
- 500 g Sahnequark
- 500 ml Sahne

Für die Dekorierung:

- 70 g Marzipan-Rohmasse
- 50 g Puderzucker
- Grüne Speisefarbe
- Weiße Zuckerperlen
- Braune Zuckerschrift
- Puderzucker zum Bestäuben

Zubereitung:

Die Butter in einer Schüssel geschmeidig rühren. Anschließend Zucker und Vanillinzucker zur Butter geben und alles zu einer gebundenen Masse verrühren. Dann nach und nach die Eier unterrühren. Mehl mit Speisestärke und Backpulver mischen, sieben und langsam zur Masse hinzufügen. Den Boden einer Springform (Ø 28 cm) einfetten und den Teig einfüllen. In den Backofen schieben und bei ca. 190°C (Heißluft ca. 170°C) etwa 25 bis 30 Minuten backen.

Den Boden auf ein Kuchenrost stürzen und erkalten lassen. Dann den Boden einmal durchschneiden.

Die Gelatine mit Wasser anrühren und quellen lassen.

Dann unter Rühren erwärmen und auflösen. Die Eier trennen. Eigelb mit Zucker und Zitronensaft schaumig rühren und Mager- und Sahnequark hinzufügen. Eine geringe Menge der Quarkmasse mit der aufgelösten Gelatine verrühren.

Dann die Gelatine-Quark-Mischung unter die restliche Quarkmasse rühren.

Steif geschlagene Sahne unterheben. Eiweiß ebenfalls steif schlagen und unter die Quarksahnemasse heben. Den Springformrand innen mit Backpapier auslegen und um den unteren Tortenboden legen. Die Quarkmischung in die Form füllen und glatt streichen. Dann den oberen, in 16 Stücke geschnittenen Tortenboden auflegen und die Torte einige Zeit in den Kühlschrank stellen.

Die Marzipan-Rohmasse mit dem Puderzucker verkneten und grün einfärben. Aus der Masse 8 große Körper- und 16 kleine Augenkugeln formen. Die Frösche mit den Augen ergänzen. Zuckerperlen hinzufügen und Pupillen und Mundlinie mit brauner Zuckerschrift auftragen.

Die Torte mit Puderzucker bestäuben und die Frösche auf der Torte verteilen.

Zauberhafte Elfen

Festliche Tischdekoration

Bastelanleitung:

Geschirr: Ein mit Porzellanfarben selbst angemaltes Geschirr ist etwas ganz Besonderes und einzigartig. Das Bemalen geht leicht:

Übertragen Sie die Vorlage auf Butterbrotpapier. Das Papier umdrehen und flächig mit einem weichen Bleistift einschwärzen, die Stiftspitze dabei flach auflegen. Anschließend wird das Papier mit der eingefärbten Seite auf das Porzellan gelegt und mit Klebefilm fixiert. Durch nochmaliges Nachfahren mit einem Kugelschreiber o.Ä. wird das Motiv auf das Geschirr abgepaust. Papier abheben und Teller und Tassen nach Verpackungsanleitung mit Porzellanfarben bemalen.

Ministecker: (Motivgröße: ca. 9 cm): Zuerst wird aus Draht nach Vorlage ein Halter gebogen und an der markierten Stelle ein Drahtende rechtwinklig abgeknickt. Dann die Elfe doppelt aus Tonkarton ausschneiden. Den Halter mit dem abgewinkelten Ende zwischen die Hälften legen und die Elfe zusammenkleben. Die Flügel werden etwas auseinander gebogen. Dann kann der Ministecker am Tellerrand festgeklemmt werden.

Serviettenhalter: (Motivgröße: ca. 12 cm): Aus Tonkarton den Serviettenhalter ausschneiden und mit dem Cutter die Schlitze einritzen. Die Bordüre und den Namenszug mit Bastelfarben auftragen.

Für jede Blume eine Blüte und zwei Blätter ausschneiden.

Materialbedarf:

Für das Geschirr:

- Porzellanfarbe: blau

Für die Ministecker:

- Tonkarton: dunkelblau
- Draht, Ø 0,65 mm, ca. 20 cm lang

Für die Serviettenhalter:

- Tonkarton: weiß, violett, dunkelblau und hellgrün
- Bastelfarben: grün, violett und gelb
- 5 Rocailles, Ø 2 mm: gelb
- Dünner Draht
- Satinband, 3 mm breit, 35 cm lang: lavendel

An den Markierungen mit einer Nadel Löcher einstanzen. Dann auf einem 12 cm langen Draht eine Perle auffädeln. Den Draht zur Hälfte biegen und unterhalb der Perle 2x bis 3x ineinander verdrehen. Dann die Blüte aufstecken und bis zur Perle schieben. Auf die Drahtenden je ein Blatt fädeln und die Drahtenden nochmals ineinander verdrehen. Satinband von hinten durch die Schlitze im Serviettenhalter ziehen und vorn zur Schleife binden, das Sträußchen gleichzeitig anknoten. Zum Schluss den Serviettenhalter zusammenkleben.

Tipp: Auch mit einem Kränzchen aus Minibuchsgirlande lässt sich eine Serviette zusammenhalten. Das Kränzchen zusätzlich mit einer Satinbandschleife schmücken.

Bastelschablone auf Seite 105/106.

Anna

Elfengrüße

...wünschen den Frühling herbei!

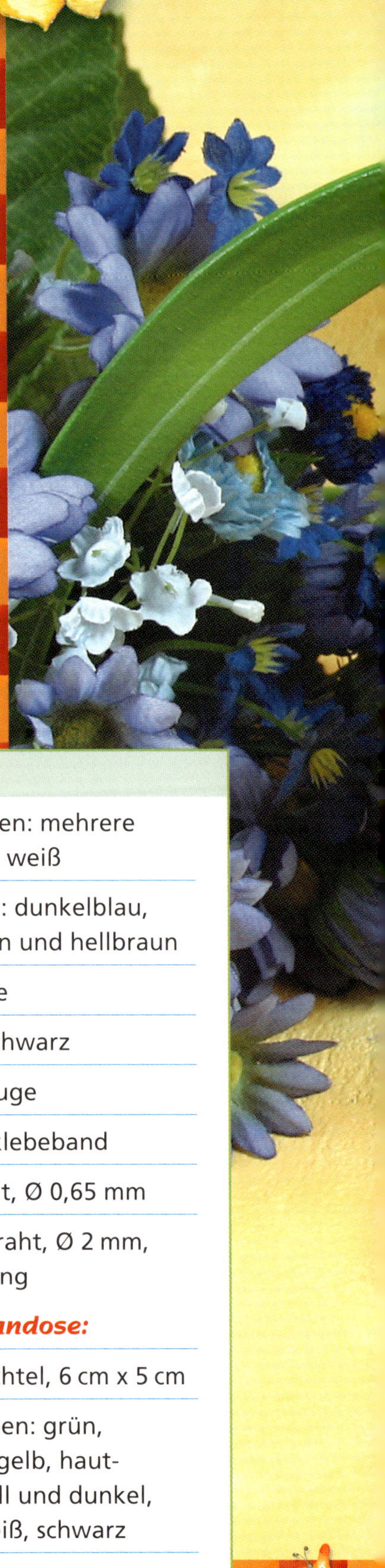

Bastelanleitung:

Elfenkarte (Kartengröße: 11 cm x 15,5 cm): Aus Glanzkarton die Karte an der gestrichelten Linie doppelt ausschneiden und zu einer Klappkarte falten. Auf der Vorderseite das Oval mit dem Cutter heraustrennen. Anschließend aus Tonkarton ein Rechteck in Größe des Kartendeckels zuschneiden, das Oval ausschneiden und den Karton hinter den Kartendeckel kleben, dabei zwei je 25 cm lange Satinbänder in die Karte kleben. Mit den Bändern wird die Karte später verschlossen. Danach wird die Öffnung mit Spinnenpapier hinterklebt. Die Elfenflügel in den Ecken aus Tonkarton ausschneiden, mit den Zierpunkten ergänzen und die weißen Linien aufmalen.

Aus Tonkarton die Teile der kleinen Elfe ausschneiden. Fußlinien, Gesicht und die Flügellinien mit Filzstift, Wangen mit Creme Rouge gestalten. Die Wachsperlen werden mit Nylonfaden angenäht. Dann die Elfe zusammenkleben; den oberen Arm und das Flügelpaar mit Abstandsklebeband fixieren. Zuletzt wird die Elfe im Kartenoval befestigt, ebenfalls mit Abstandsklebeband.

Elfenstecker (Motivgröße: ca. 18 cm): Aus Sperrholz den Blattstecker aussägen und das Holz mit Schleifpapier glätten. Das Aufhängeloch für die Elfe durchbohren. Dann den Stecker anmalen.

Aus Tonkarton und Metallfolie die Einzelteile der Elfe ausschneiden. Mit Bastelfarbe das Pünktchenmuster, mit Filzstift das Gesicht aufmalen. Wangen mit Creme Rouge tönen. Die Elfe zusammenkleben. Beim Kleid Füße und Hände zwischen die Hälften legen; den Arm mit Abstandsklebeband befestigen. Haare beidseitig ergänzen. Das Flügelpaar prägen und auf dem Rücken fixieren. In eine Hand ein Loch stechen und das aus Silberdraht geformte Herz (siehe Vorlage) einhängen. Die Elfe mit Bouillondraht am Holzstecker befestigen.

Spandose: Die Spandose grün grundieren, den Deckelrand lavendel absetzen. Mit einem Stecknadelkopf das Pünktchenmuster auftupfen. Auf den Deckel das Elfenmotiv übertragen und bunt ausmalen. Schattierungen in Blüte und Flügeln erhalten Sie, wenn Sie mit einer zweiten Farbe über die noch feuchte Untergrundfarbe streichen. Zuletzt die Spandose lackieren.

Bastelschablone auf Seite 106/107.

Materialbedarf:

Für die Elfenkarte:

- Glanzkarton: hellgrün
- Tonkarton: violett, hautfarben, hellbraun und weiß
- Transparentpapier mit Spinnenprägung
- Filzstift: grün und schwarz
- Bastelfarbe: weiß
- Creme Rouge
- 10 Wachsperlen, Ø 2 mm
- Satinband, 3 mm breit, 50 cm lang: violett
- Abstandsklebeband
- Nylonfaden

Für den Elfenstecker:

- Sperrholz, 3 mm stark
- Bastelfarben: mehrere Grüntöne, weiß
- Tonkarton: dunkelblau, hautfarben und hellbraun
- Metallfolie
- Filzstift: schwarz
- Creme Rouge
- Abstandsklebeband
- Silberdraht, Ø 0,65 mm
- Bouillondraht, Ø 2 mm, ca. 5 cm lang

Für die Spandose:

- Spanschachtel, 6 cm x 5 cm
- Bastelfarben: grün, lavendel, gelb, hautfarben hell und dunkel, braun, weiß, schwarz
- Klarlack

„Nein, nein, nein, Paul“, tadelt Lumpi seinen Freund. „Mit Frühjahrsputz habe ich etwas ganz anderes gemeint.“ Doch Paul lässt sich nicht stören; viel zu gemütlich ist das heiße Bad im Wascheimer. „Ich mach' halt Frühjahrsputz einmal anders“, ruft er seinem Freund zu und lässt sich noch mal einen kräftigen Brausestrahl aufs Haupt gießen.

Alles im Eimer

Motivgröße: ca. 20 cm

Materialbedarf:

- Tonkarton: rot, grau, rosa, dunkelblau, weiß und schwarz
- Filzstift: hellblau, rosa und schwarz
- Creme Rouge
- Abstandsklebeband
- Satinband, 6 mm breit, 20 cm lang: dunkelblau

Bastelanleitung:

Die Einzelteile aus Tonkarton zuschneiden. Mit schwarzem Filzstift beim Eimer und beim Griff die Linien aufmalen sowie bei der Maus das Gesicht gestalten. Die Wangen mit Creme Rouge tönen.

In den Eimer ein Loch stanzen, Satinband durchziehen, das Band zwischen die Griffhälften legen und den Griff zusammenkleben.

Beidseitig Nase, Nasenfleck, Augen und Innenohren fixieren. Die Maus vorn auf den Wascheimer kleben, darauf mit Abstandsband die Pfoten befestigen.

Zuletzt mit Filzstift die hellblauen und rosafarbenen Lichtreflexe auf den Blubberblasen andeuten und die Blasen mit Abstandsklebeband auf Maus und Eimer verteilen.

Bastelschablone auf Seite 108.

Pauliner

...Pauls Lieblingskekse

Zutaten:

Für den Teig:

- 200 g Butter oder Margarine
- 200 g Marzipanrohmasse
- 50 g Zucker
- 4 Eigelb
- 250 g Mehl
- Backoblaten, Ø 50 mm

Für die Füllung:

- 125 g Puderzucker
- 2 EL Zitronensaft
- Speisefarben
- Zuckerdekor

Zubereitung:

Butter und Marzipanrohmasse in Stücke schneiden und miteinander vermengen. Zucker, Eigelb und Mehl hinzufügen und alle Zutaten zu einem Teig verarbeiten.

Den Teig in einen Spritzbeutel füllen und auf die Backoblaten kleine Rosetten spritzen. Für die Zitronengussfüllung innen eine Mulde lassen.

Das Marzipangebäck im vorgeheizten Backofen bei ca. 160°C bis 180°C etwa 10 bis 12 Minuten backen.

Den Puderzucker mit Zitronensaft zu einer dickflüssigen Masse verrühren. Die Zuckergusscreme mit Speisefarben unterschiedlich einfärben und in die Vertiefungen füllen.

Tipp: Aus der Marzipanmasse Kugeln formen und auf den Oblaten verteilen. Die Kugeln flach andrücken. Nach dem Backen und Auskühlen mit bunter Glasur überziehen und mit Zuckerdekor frühlingshaft verzieren.

Kantenhocker Paul

Motivgröße: ca. 17 cm

Bastelanleitung:

Die Einzelteile von Paul aus dem Holzbrett, die Blüte aus dem dünnen Sperrholz aussägen. Anschließend sämtliche Holzflächen und -kanten mit Schleifpapier glätten. Dann können die Motivteile bemalt werden, orientieren Sie sich dabei an der Abbildung. Das Mäusefell durch Mischen von grauer und weißer Farbe strukturieren. Die weißen Lichtpunkte in den Augen werden mit einem in Farbe getauchten Stecknadelkopf aufgedruckt. Mundlinien sowie die Barthaare mit einem feinen Pinsel aufmalen; ebenso die dunkelblauen Nähte. Die Teile lackieren.

Dann den Drahtstängel gestalten. Mit einer Zange die Blätter formen. In die Blüte ein kleines Loch bohren und den Blumendraht einkleben. Den Draht um eine Hand wickeln. Das Loch für den Schwanz vorbohren. Braunen Draht über einen Bleistift spiralförmig aufrollen und den Schwanz fixieren. Dann können die Arme auf Pauls Körper geleimt werden. Stellen Sie Paul auf ein Regalbrett oder auf eine Fensterbank; schon lässt er seine Beine lustig über den Rand baumeln.

Bastelschablone auf Seite 109.

Materialbedarf:

- Gehobeltes Kiefern- oder Fichtenholzbrett, Stärke 10 mm, ca. 18 cm x 10 cm
- Sperrholzrest, Stärke 4 mm
- Bastelfarben: grau, grün, rosa, orange, dunkelblau, weiß und schwarz
- Klarlack
- Blumendraht, je ca. 30 cm lang: grün und braun

Muffinsraupe

...fruchtig
und schokoladig

Zubereitung:

Orangenmuffins: Das Ei in einer Schüssel aufschlagen und verquirlen. Zucker, Milch und Orangensaft unterrühren. Mehl, Backpulver, geriebene Orangenschale und Salz in einer Schüssel vermischen, zur Eimasse geben und leicht untermengen bis das Mehl feucht ist. Den noch leicht klumpigen Teig zu 3/4 in die Muffin-Förmchen füllen und bei ca. 180°C im vorgeheizten Backofen etwa 20 bis 25 Minuten backen.

Aus Puderzucker und Orangensaft eine Glasur mischen und über die Orangenmuffins streichen. Mit Zuckerstreusel verzieren.

Für das Raupengesicht Schokolinsen als Augen und Nase aufkleben. Zuckerperlen als Pupillen ergänzen, Mund und Augenbrauen mit Zuckerschrift aufmalen. Fühler aus Chenilledraht formen und seitlich in den Muffin einschieben.

Nuss-Nougat-Muffins: Nougatcreme mit Butter oder Margarine und Zucker verrühren. Nacheinander die Eier dazugeben. Milch hinzufügen. Mehl und Backpulver sieben und mit den Schokostückchen vermischen. Die Schoko-Mehl-Mischung in die Crememasse rühren. Die Vertiefungen in der Muffinsform zu 3/4 mit dem Teig füllen. Die Muffins bei ca. 180°C im vorgeheizten Backofen etwa 20 bis 25 Minuten backen. Die Minitörtchen auf einem Kuchengittter abkühlen lassen.

Vollmilchkuvertüre schmelzen und über die Muffins geben. Kokosraspel aufstreuen oder mit Zuckerwerk verzieren.

Zutaten:

Für die Orangenmuffins:

- 1 Ei
- 50 g Zucker
- 175 ml Milch
- 60 ml Orangensaft
- 250 g Mehl
- 2 gestrichene TL Backpulver
- 1 EL geriebene Orangenschale (ungespritzt)
- 1/2 TL Salz

Für die Orangenglasur:

- 75 g Puderzucker
- 2 TL Orangensaft
- Zuckerstreusel
- Schokolinsen
- Weiße Zuckerperlen
- Braune Zuckerschrift

Für die Nuss-Nougat-Muffins:

- 75 g Nuss-Nougat-Creme
- 75 g Butter oder Margarine
- 50 g Zucker
- 2 Eier
- 100 ml Milch
- 250 g Mehl
- 2 gestrichene TL Backpulver
- 75 g zerkleinerte Schokolade

Für die Nuss-Nougat-Glasur:

- 75 g Vollmilchkuvertüre
- Kokosraspel
- Zuckerstreusel
- Zuckerperlen

Frühsport am Morgen vertreibt Kummer und Sorgen, denken sich Lumpi und Paul und wollen etwas für ihre Fitness tun. Die letzten Tautropfen sind noch nicht verdunstet, da haben sich unsere beiden Freunde bereits auf der Terrasse hinterm Haus eingefunden. Handstand und Hoolahoop stehen auf dem Programm. „Schau her", ruft Paul seinem Freund zu. „Hab ich nicht einen tollen Hüftschwung?"

Blumenfeen

Motivgröße: ca. 20 cm

Materialbedarf:

- Tonkarton: hautfarben, gelb, dunkelblau, hellbraun, hellgrün und weiß
- Filzstift: schwarz
- Creme Rouge
- Holzperlen, Ø 10 mm: 2 x blau und 2 x weiß
- 14 Rocailles, Ø 2 mm: gelb
- Satinband, 3 mm breit, 2 x 70 cm lang: grün
- Nylonfaden

Bastelanleitung:

Die Einzelteile aus Tonkarton zuschneiden. Zu Beginn bei der weißen Blumenfee auf die vordere und die hintere Blüte mit Nylonfaden je 7 Rocailles nähen; die Fäden auf der Rückseite verknoten.

Nun das Satinband doppelt legen, zwischen die Kopfhälften legen und die Köpfe aufeinander kleben. Die Bandenden unten etwa 20 cm lang herausschauen lassen. Anschließend beidseitig Haare und Blüten fixieren. Die Gesichter mit Filzstift gestalten, die Wangen mit Creme Rouge tönen.

Dann das kleinere Flügelpaar auf das große kleben, dabei den Klebstoff nur in der Mitte auftragen. Flügel mit den Zierpunkten ergänzen. Das Flügelpaar mit den Zierpunkten nach vorn am Satinband anknoten. Zuletzt auf die Bandenden Holzperlen aufziehen und mit einem Knoten vor dem Abrutschen sichern.

Tipp: Wölben Sie die Blütenblätter und das aufgeklebte kleinere Flügelpaar nach außen. Das geht ganz leicht, wenn Sie den Karton über einen Bleistift ziehen.

Bastelschablone auf Seite 109.

Schnecken

...mit Mandeln und Rosinen verfeinert

Zubereitung:

Mehl in eine Backschüssel sieben und in die Mitte eine Mulde drücken. Hefe in die Vertiefung bröckeln und mit etwas Zucker, Milch und etwas Mehl verrühren. Den Teig an einem warmen Ort etwa 10 bis 15 Minuten gehen lassen.

Die geschmolzene Butter, den restlichen Zucker, Zimt, Salz und Ei in die Schüssel geben und mit dem Hefevorteig verkneten. Den Teig nochmals abgedeckt an einem warmen Ort gut 30 Minuten gehen lassen.

In der Zwischenzeit Rosinen, Korinthen und Mandeln miteinander vermischen. Rumaroma hinzufügen und durchziehen lassen.

Für die Schneckenkörper ca. 1/3 Teigmenge zur Seite stellen. Den restlichen Hefeteig zu einem Quadrat von etwa 1/2 cm Dicke ausrollen und mit zerlassener Butter bestreichen.
Die Füllung aufstreuen und leicht andrücken. Den Teig aufrollen und in ca. 2 bis 3 cm große Scheiben schneiden.

Die Teigschnecken auf ein gefettetes Backblech legen, mit Eigelb bestreichen und die zu Rollen geformten Körper andrücken.
Hagelzucker auf das Schneckenhaus streuen, Rosinen als Augen eindrücken. Die Schnecken nochmals kurz gehen lassen.

Die Schnecken im Backofen bei 190°C (Umluft 170°C) etwa 20 Minuten backen.

Zutaten:

Für den Teig:

- 500 g Mehl
- 30 g Hefe
- 50 g Zucker
- 200 ml lauwarme Milch
- 1 TL Zimt
- 100 g Butter
- 1 Prise Salz
- 1 Ei

Für die Füllung:

- 2 bis 3 Tropfen Rumaroma
- 50 g Rosinen
- 50 g Sultaninen
- 50 g gehackte Mandeln
- 50 g gehobelte Mandeln
- 20 g Butter
- Hagelzucker
- Eigelb zum Bestreichen

Hagel

Auf der bunten Sommerwiese

Motivbreite: ca. 22 cm

Materialbedarf:

- Tonkarton: gelb, hellbraun, blau, schwarz und blau-weiß kariert
- Tonpapier: verschiedene Grüntöne, gelb und weiß
- Styroporplatte, ca. 28 mm stark, ca. 22 cm x 10 cm
- Bastelkrepp: gelb und weiß
- Bastelfarbe: grün
- Filzstift: schwarz
- Blumendraht: braun und silber
- Stecknadeln

Bastelanleitung:

Als Untergrund dieser Blumenwiese dient eine grün angemalte Styroporplatte, die mit einem Grasrand aus Tonpapier beklebt ist. Dazu zwei grüne Papierstreifen von ca. 5 cm bis 6 cm Höhe und ca. 60 cm Länge auf einer Längsseite fransig einschneiden und versetzt zueinander auf den Plattenrand kleben. Die Grashalme etwas auseinander fächern. Die Wiese mit Bienen, Blumen und Schmetterlingen dekorieren.

Biene: Die Einzelteile jeweils doppelt aus Tonkarton ausschneiden. In die Körperhälften die Schlitze für die Flügel einschneiden und mit einem schwarzen Filzstift das schwarze Streifenmuster sowie Augen und Mund aufmalen. Aus einem ca. 5 cm langen Blumendraht die Fühler biegen. Dann den Körper zusammenkleben, dabei den Fühler sowie einen weiteren Draht von ca. 15 cm Länge dazwischen schieben. Die Beine fixieren. Aus weißem Bastelkrepp die Flügel anfertigen und durch den Körperschlitz ziehen. Die Flügel seitlich auseinander fächern.

Blume: Aus Tonpapier die Blüte sowie die beiden Blätter zuschneiden. Der Stängel besteht aus zwei Streifen Tonpapier von 30 cm x 12 mm, die in Form von so genannten Hexentreppen gefaltet sind. Die Streifen jeweils mit einem Ende rechtwinklig aufeinander legen und zusammenkleben (siehe Skizze). Dann den unteren Streifen über die Klebestelle hinweg nach oben falten, anschließend wird der andere Streifen auf die gleiche Weise gefaltet. Nun die Papierstreifen weiter abwechselnd falten bis Sie eine kleine „Tonpapier-Ziehharmonika" erhalten. Die Papierenden miteinander verkleben. In den Stängel die Blätter einkleben, die Spitzen der Blätter mit einem Bleistift nach oben wölben. Aus Kreppapier kleine Kügelchen formen und in die Blüte einkleben. Die Blütenblätter ebenfalls nach oben wölben. Anschließend die Blüte auf ein Stängelende kleben. Die Blume mit einer Stecknadel in der Styroporwiese feststecken.

Schmetterling: Aus Tonkarton die Schmetterlingsteile zuschneiden. Die Flügel sowie zwei ca. 20 cm lange silberne Drähte zwischen die Körperhälften legen und den Schmetterling zusammenkleben; die am Kopfende ca. 3 cm hervorschauenden Drahtenden einrollen. Einen Draht am Schwanzende kürzen und mit Hilfe einer Rundzange zu einer lockeren Spirale drehen. Mit dem anderen Draht den Schmetterling im Styropor feststecken.

Bastelschablone auf Seite 110.

„Ach, ist es nicht schön…"

...meint Paul und knabbert genüsslich an einem Stück Käse. „So ein Picknick im Freien ist doch einfach himmlisch.“ „Oh ja, du hast du recht“, pflichtet ihm Lumpi bei und knabbert ebenso genüsslich an einer Mohrrübe. „Mal so richtig faulenzen tut echt gut.“

Herzlichen glückwunsch
ALLESKLEBER

Klammerkerlchen

Klammerkerlchen sind im Handumdrehen gebastelt: Holzwäscheklammern, Farbe und Schleifenband – fertig sind die Gute-Laune-Bringer. Die bunten Gesellen peppen Geschenke auf, klemmen Notizzettel fest oder halten Servietten zusammen.

Motivgrößen: ca. 9 cm bis ca. 13 cm

Materialbedarf:

- Holzwäscheklammern
- Tonkarton in vielen bunten Farben
- Drahtrest
- Bastelfarben in unterschiedlichen Farben
- Creme Rouge
- Filzstift in mehreren Farben
- Kariertes Schleifenband, 5 mm breit

Bastelanleitung:

Zuerst lösen Sie die Metallfedern von den Wäscheklammern. Dann können die Klammern mit Bastelfarben farbig gestaltet werden. Wenn die Farben getrocknet sind, stecken Sie die Metallfedern wieder auf.

Die Köpfe aus Tonkarton arbeiten. Die Gesichter und Pupillen werden mit Filzstift gestaltet, die rosigen Wangen mit Creme Rouge aufgetragen. Bei Kuh und Katze die Innenohren aus rosafarbenen Tonkarton aufkleben. Die Schmetterlingsflügel bestehen aus Tonkarton, die Fühler werden aus einem Drahtrest gebogen und fixiert. Befestigen Sie die Motive mit Klebstoff auf den Wäscheklammern. Zuletzt erhalten einige Figuren kleine Schleifen aus buntem Karoband.

Bastelschablonen auf Seite 111.

Zwiebel-brot

... im Tontopf gebacken

Zutaten:

Für den Teig:

- 500 g Mehl
- 40 g Hefe (1 Würfel)
- 1 Prise Zucker
- 125 ml lauwarme Milch
- 2 mittelgroße Zwiebeln
- 50 g Butter
- 1/2 TL Salz
- 2 Eier
- Olivenöl
- 2 Töpfe aus Terrakotta, Ø je 14 cm
- Mohn und Sesamsaat zum Bestreuen

Zubereitung:

Mehl in eine Schüssel sieben, eine Mulde eindrücken und die Hefe hineinbröckeln. Mit Zucker, lauwarmer Milch und etwas Mehl verrühren. Den Vorteig an einem warmen Ort zugedeckt etwa 10 bis 15 Minuten gehen lassen.

In der Zwischenzeit die Zwiebeln schälen, fein hacken und in etwas Butter anbraten.

50 g geschmolzene Butter mit den Eiern verrühren, Zwiebel und Salz hinzugeben und nochmals durchrühren. Die Masse zum Hefevorteig geben und alles nochmals kräftig miteinander verkneten. Den Teig abgedeckt weitere 30 Minuten bis zur doppelten Größe ruhen lassen.

Die Terrakottatöpfe mit Olivenöl auspinseln. Den Teig in die Töpfe füllen und weitere 15 Minuten gehen lassen.

Dann den Teig über Kreuz einschneiden, mit Wasser bestreichen und mit Sesam oder Mohn bestreuen. Im vorgeheizten Backofen bei ca. 190 °C (Umluft ca. 170 °C) etwa 40 Minuten ausbacken.

Sesam-brötchen

... schnell gemacht aus Quark-Öl-Teig

Zubereitung:

Quark, Zucker, Öl, Milch und Ei in einer Schüssel verrühren. Mehl und Backpulver hinzufügen und verkneten. Den Teig zu einer Rolle formen und daraus eine gleiche Anzahl großer und kleiner Teigkugeln formen.

Die Förmchen mit Butter ausstreichen und die großen Teigkugeln hineinlegen. In die Kugelmitte eine Vertiefung drücken, mit verquirltem Eigelb bestreichen und die kleine Teigkugel hineinsetzen. Die Brötchen mit Eigelb bestreichen, Mohn oder Sesamsaat aufstreuen und im vorgeheizten Backofen bei 190° C (Umluft ca. 170° C) etwa 15 bis 20 Minuten backen.

Die Brötchen vorsichtig aus den Förmchen nehmen und auf einem Kuchengitter abkühlen lassen.

Aus der halben Teigmenge lassen sich auch kleine Zöpfe arbeiten. Dazu einfach je 3 Teigstränge zu Zöpfen flechten, mit Eigelb bestreichen, mit Mohn oder Sesam bestreuen und bei gleicher Temperatur backen.

Zutaten:

Für den Teig:

- 125 g Quark
- 50 g Zucker
- 3 EL Öl
- 2 EL Milch
- 1 Ei
- 250 g Mehl
- 1 TL Backpulver

- Eigelb zum Bestreichen
- Mohn und Sesamsaat zum Bestreuen
- Pasteten- oder Aluförmchen

„Was ist denn nur da draußen los?“, fragen sich Lumpi und Paul. „Welch ein Gezwitscher und Gegacker!“ Neugierig öffnen sie die Stalltür und strecken ihre Köpfe heraus. „Kommt alle her“, piepsen die Küken ganz aufgeregt. „Wir bekommen ein Geschwisterchen!“ Und schon eilt die gesamte Nachbarschaft herbei, um beim Schlüpfen dabei zu sein.

Echt tierisch

Motivgröße: ca. 12 cm bis 14 cm

Bastelanleitung:

Mit Tonkarton und Wolle lassen sich ganz schnell viele Bauernhoftiere gestalten.

Die Motivteile aus Tonkarton ausschneiden und mit Filzstift die Gesichter aufmalen. Sehr schön wirkt es, wenn einzelne Teile mit Abstandsklebeband befestigt werden. Hufe und Pfoten werden mit Wollfäden fixiert: Dazu in den Körper kleine Löcher stanzen, ca. 10 cm bis 12 cm lange Fäden durchfädeln und verknoten. Fadenenden zwischen die Huf- und Pfotenhälften kleben.

Tipp: Ergänzen Sie die Rückseiten der Tiere mit einem typischen Schwänzchen. Beim Huhn eignet sich dazu die Fußvorlage, beim Schäfchen ein Kreis. Huhn und Schwein erhalten einfach einen Papierstreifen, der beim Schwein gekringelt wird.

Bastelschablone auf Seite 112.

Materialbedarf:

- Tonkarton: rosa, pink, hautfarben, braun, rot, gelb, weiß und schwarz
- Wolle: rosa, gelb und weiß
- Filzstift: pink, braun und schwarz
- Abstandsklebeband

Zum Gackern

Motivbreite: ca. 30 cm

Materialbedarf:

- Tonkarton: grün, gelb und grün-weiß kariert
- Filzstift: schwarz
- Silberdraht, Ø 0,65 mm
- 2 Federn: grün
- 2 Plastikeier, 4 cm: grün und gelb
- Dünner Draht
- Karoband, 5 mm breit, 140 cm lang: grün-weiß
- 4 Wackelaugen, oval, 8 mm
- Satinband, 2 mm breit, je 20 cm lang: grün und gelb
- Nylonfaden
- Birkenreisig

Bastelanleitung:

Aus Tonkarton die Motivteile für zwei Hühnchen ausschneiden. Die angedeuteten Steppnähte auf Flügel, Kamm, Kehllappen und Füßen werden mit einem Filzstift aufgemalt; ebenso die Nasenlöcher. Die Körper in Kegelform zusammenkleben. Anschließend die Kegelspitze mit den Fingern zusammendrücken und beidseitig den Kamm fixieren. Den Schnabel an den gestrichelten Linien falzen, die seitlichen Klebelaschen übereinander kleben. Dann den Schnabel und den Kehllappen platzieren. Flügel, Augen und Schwanzfeder ergänzen. Die Beine bestehen aus einem ca. 60 cm langen Silberdraht, der auf einem Rundholz von 6 mm Ø zur Spirale gewickelt wird. Den Draht abziehen, zur Hälfte biegen und mit Heißkleber in den Hühnerkegel kleben. Die Drahtenden rechtwinklig nach vorn biegen. Dann in die obere Fußhälfte ein Loch stechen und den Draht durchstecken. Die Fußsohle unterkleben.

Aus Birkenreisig zwei Ovale von ca. 9 cm x 6 cm formen und mit dünnem Draht fixieren. Für den Halbbogen benötigen Sie Birkenreisig von ca. 30 cm bis 35 cm Länge. Satinbänder doppelt legen und das grüne Ei am gelben, das gelbe Ei am grünen Satinband mit Heißkleber befestigen. Anschließend werden die Eier in den Ovalen fixiert. Die Reisigovale übereinander anordnen, mit je einer karierten Schleife (20 cm) verzieren und am Halbbogen festknoten. Die beiden Hühnchen mit Nylonfaden anhängen. Beide Bogenenden mit je einer Schleife aus 25 cm Karoband dekorieren. Das restliche Karoband dient als Aufhängeband.

Bastelschablone auf Seite 112.

Schweinereien

…zum Anbeißen

Zutaten:

Für den Teig:

- 420 g Mehl
- 1 Päckchen Trockenhefe
- 150 g Zucker
- 1 Päckchen Vanillinzucker
- 1 Prise Salz
- 1 Ei
- 150 ml Milch
- 125 g Margarine

Für die Füllung:

- 40 g Marzipanrohmasse
- 50 g gemahlene Haselnüsse
- 40 g Zucker
- 1 Eiweiß

- Rosinen für die Augen
- Eigelb zum Bestreichen

Zubereitung:

Mehl, Trockenhefe, Zucker, Vanillinzucker und Salz vermischen. Milch und Margarine bei kleiner Flamme erwärmen und unter das Mehl geben. Das Ei hinzufügen. Alles gut miteinander vermengen. Kräftig kneten und schlagen bis ein glatter weicher Teig entsteht.

Den Teig zugedeckt an einen warmen Ort stellen und etwa 1 Stunde bis zur doppelten Größe gehen lassen.

In der Zwischenzeit die Füllung vorbereiten. Marzipanrohmasse in kleine Würfel schneiden und mit Haselnüssen, Zucker und Eiweiß gut vermengen.

Den Teig etwa 5 mm dick ausrollen und eine gleiche Anzahl Kreise von ca. 12 cm Ø (Kopf) und ca. 7 cm Ø (Schnauze) ausstechen. Mit einem Apfelausstecher die Nasenlöcher ausstechen.

Für die Ohren kleine Dreiecke zuschneiden. Die Köpfe mit Eigelb bestreichen.

Auf die untere Kopfhälfte mit einem Teelöffel etwas Marzipan-Haselnussmischung geben und mit der Teigschnauze abdecken. Die Ränder gut andrücken. Anschließend die Ohren aufdrücken und Schnauze und Ohren mit Eigelb bestreichen. Rosinenaugen in den Teig drücken. Die Schweinchen auf dem Backblech weitere 15 Minuten ruhen lassen. Das Blech in den vorgeheizten Ofen schieben und bei ca. 200° C (Umluft ca. 175° C) etwa 15 Minuten backen.

Tipp: Aus Teigresten Ringelschwänzchen gestalten. Dazu Teigrollen von ca. 20 cm Länge und 2 cm Ø anfertigen. Die Rollen zu Ringelschwänzchen drehen, mit Eigelb bestreichen und nach Bedarf mit Hagelzucker bestreuen. Auf gleicher Temperatur wie die Schweinchen backen.

So übertragen Sie die Vorlagen:

Auf die Vorlage Transparentpapier legen und das Motiv mit einem Bleistift nachzeichnen. Das Transparentpapier mit dem abgepausten Motiv auf Karton oder kräftiges Papier kleben. Anschließend wird das Motiv an den Bleistiftlinien exakt ausgeschnitten und die Schablone auf dem gewünschten Material (Tonkarton, Holz, je nach Modell) platziert. Die Motivumrisse mit einem Bleistift umfahren.

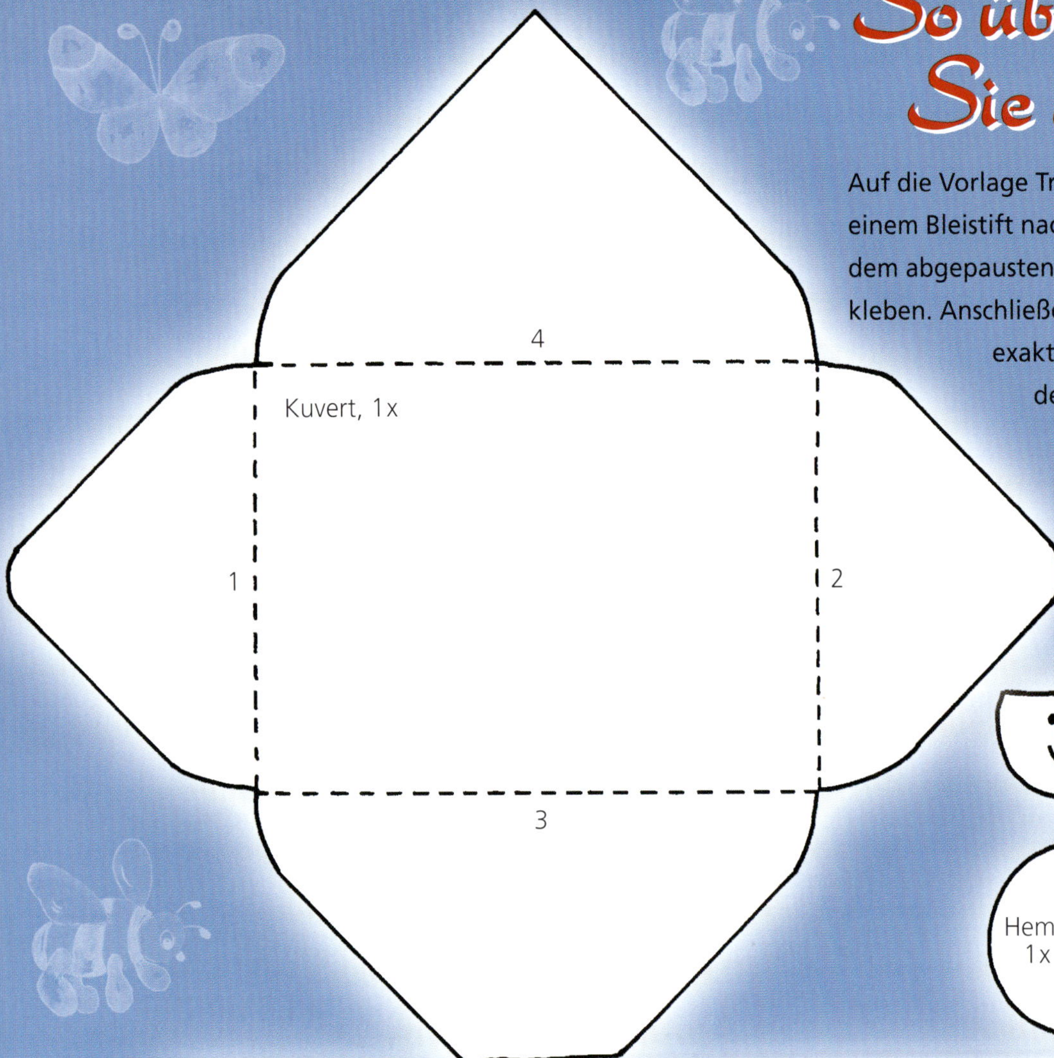

Clowns, Clowns, Clowns

Bastelanleitung auf Seite 13

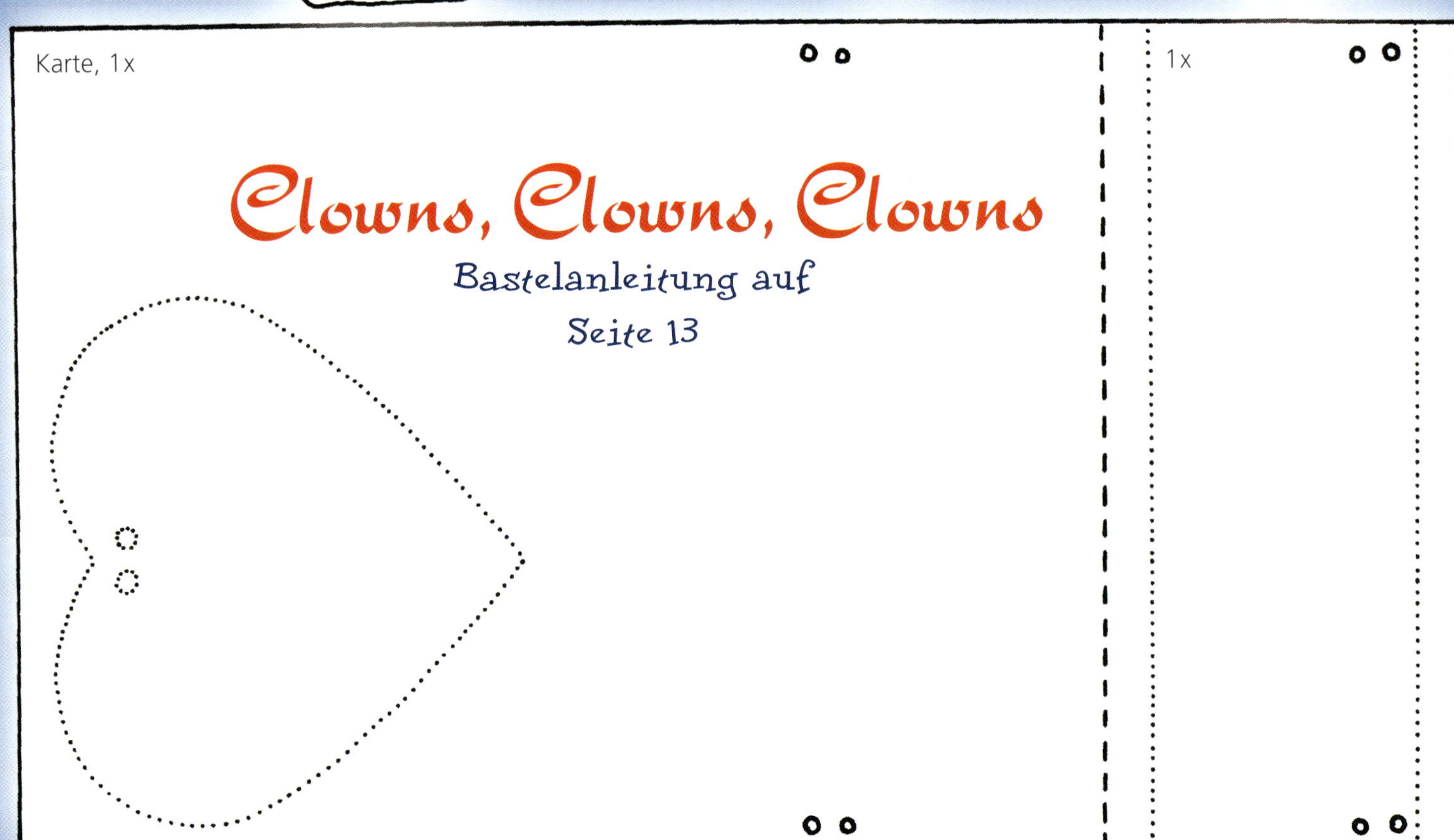

Masken und Spitzhütchen

Bastelanleitung auf Seite 14/15

Kantenhocker Clown

Bastelanleitung auf Seite 16

Flotte Bienen

Bastelanleitung auf Seite 20

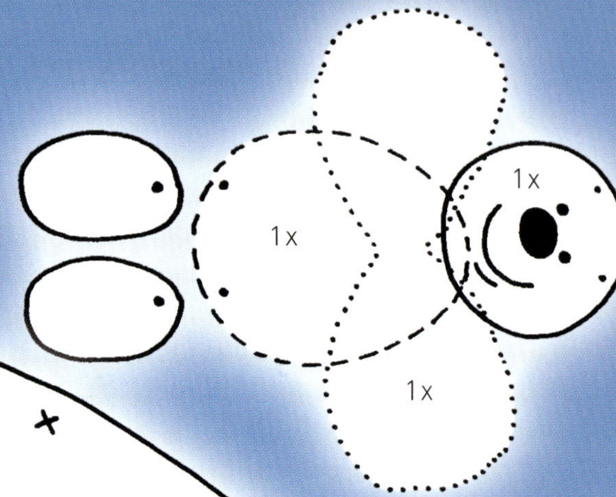

Teil 1

Bienenfest

Bastelanleitung auf Seite 22

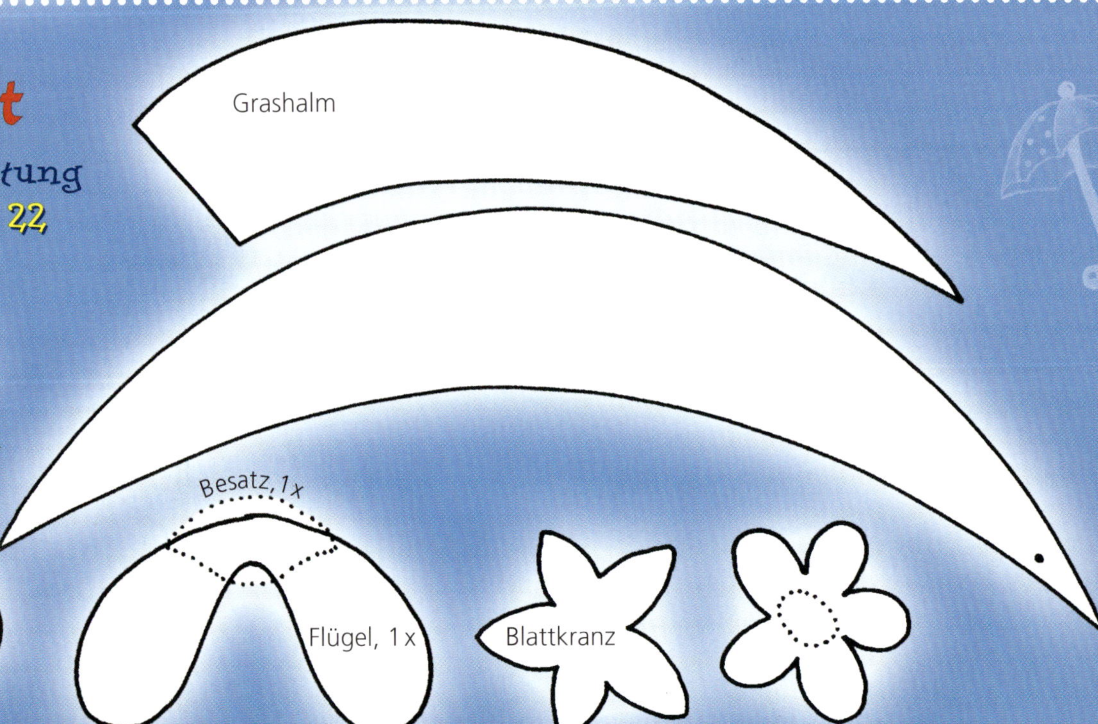

Teil 2

Bienenfest

Bastelanleitung auf Seite 22

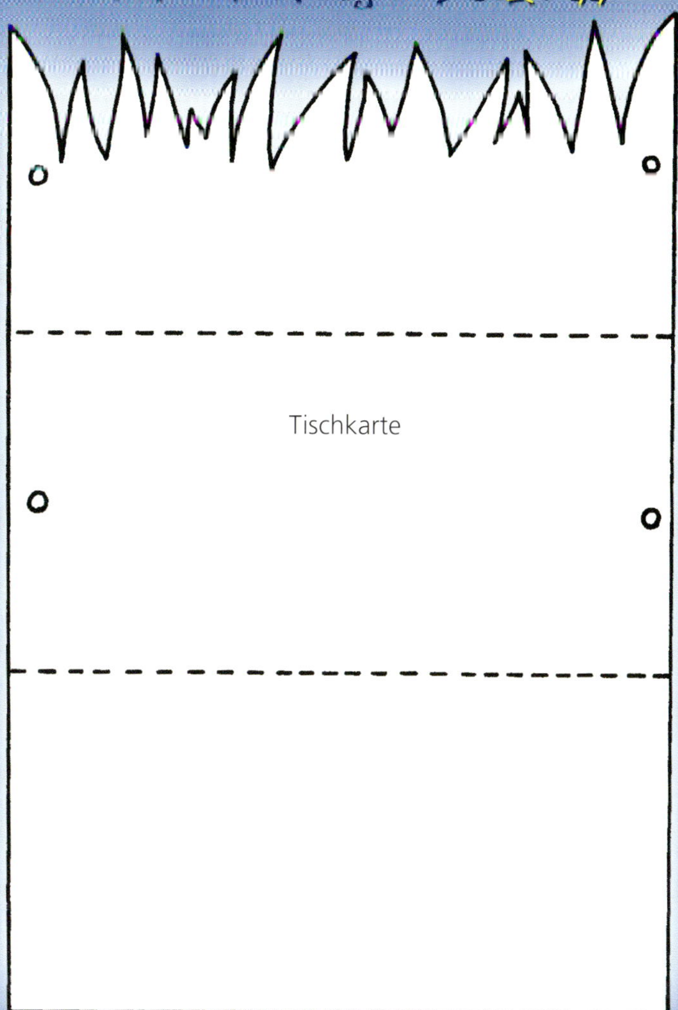

Mürbeteigschäfchen

Rezept auf Seite 26

Hasenkette

Bastelanleitung auf Seite 30

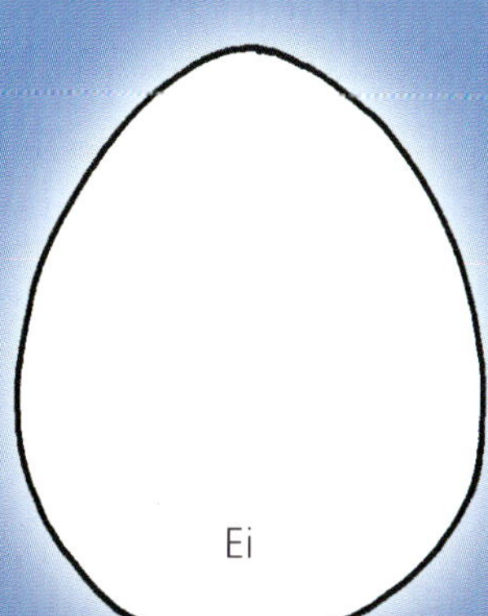

Stups, der sitzende Hase

Bastelanleitung auf Seite 27

Häschen im Bogen

Bastelanleitung auf Seite 36

Kunterbunte Tischgesellen

Bastelanleitung auf Seite 43

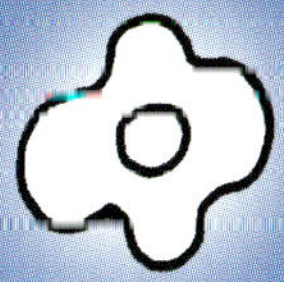

Zur Kommunion und Konfirmation

Bastelanleitung auf Seite 45

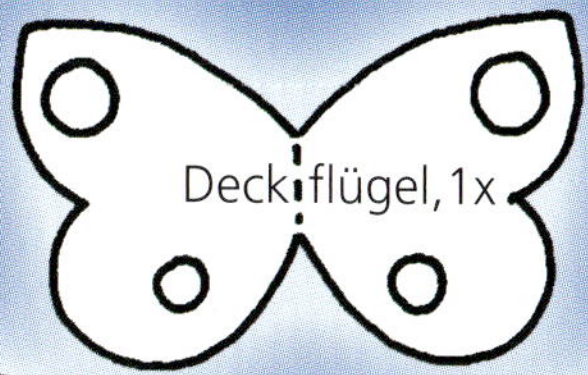

Herziges zum Muttertag

Bastelanleitung auf Seite 52

Hoch lebe das Brautpaar

Bastelanleitung auf Seite 59

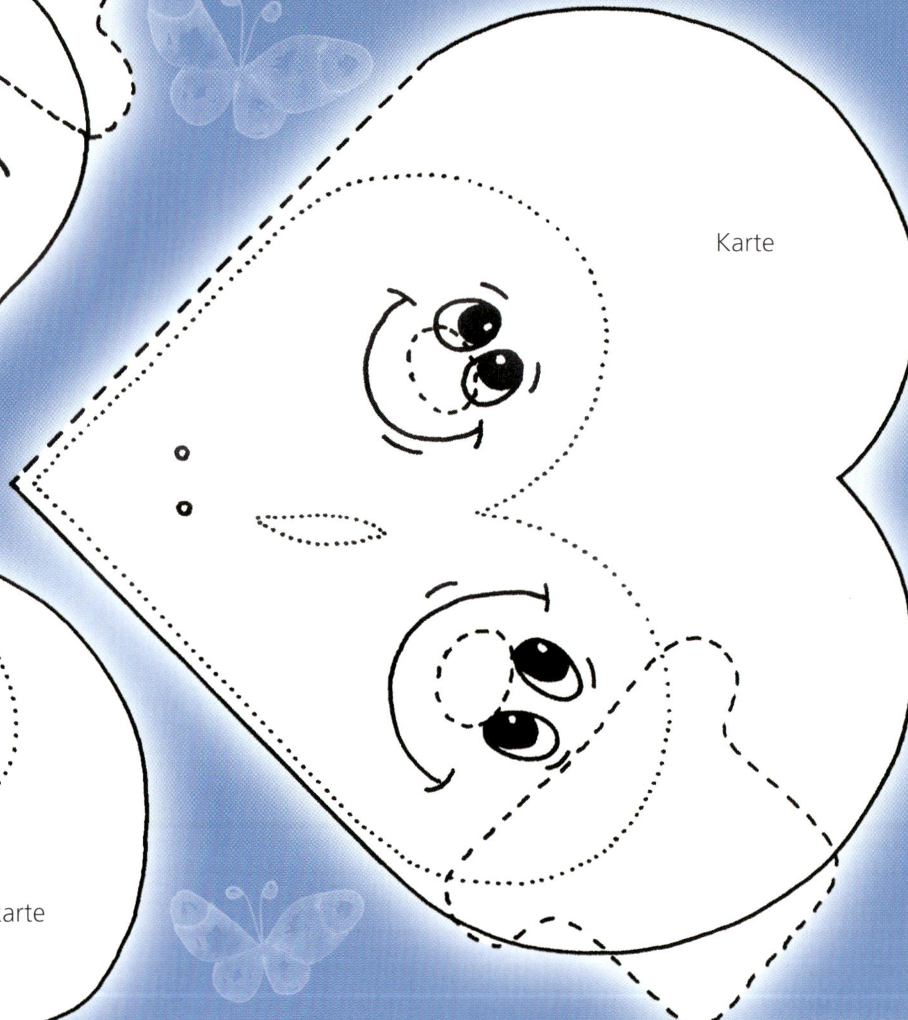

Hochzeitspaar

Bastelanleitung auf Seite 60

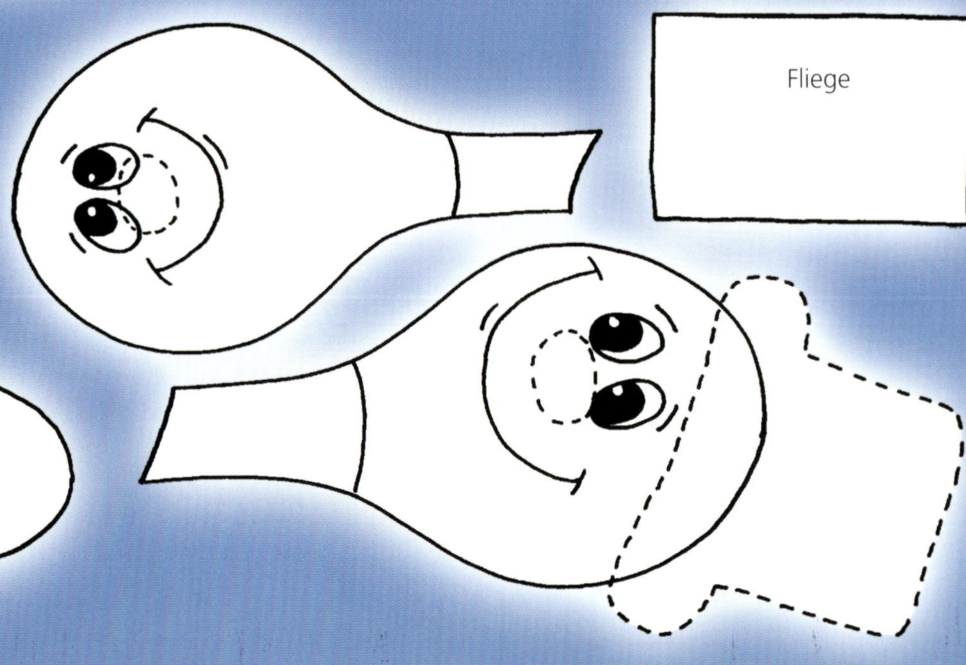

Vogelmobile

Bastelanleitung auf Seite 61

Wer fängt die meisten Fische?

Bastelanleitung auf Seite 65

Teil 1

Zur Geburt

Bastelanleitung auf Seite 63

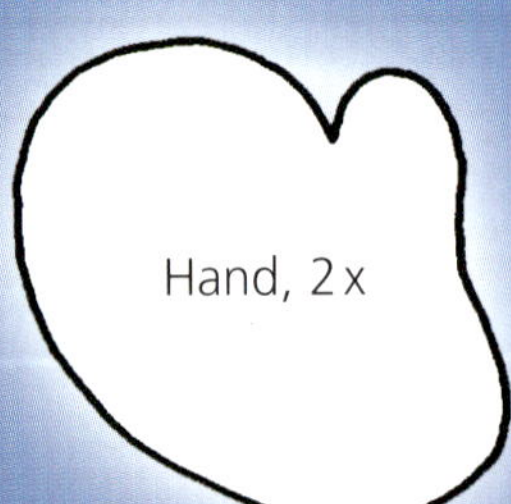

Teil 2

Zur Geburt

Bastelanleitung auf Seite 63

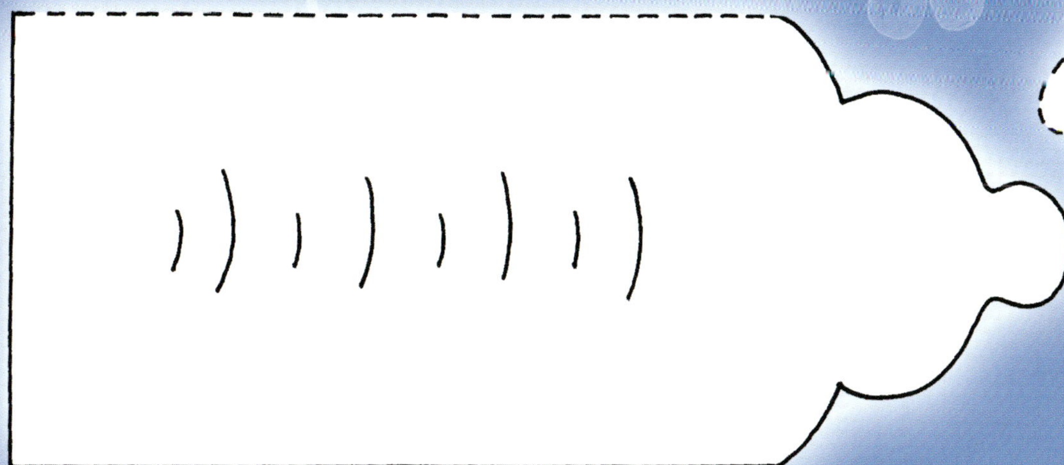

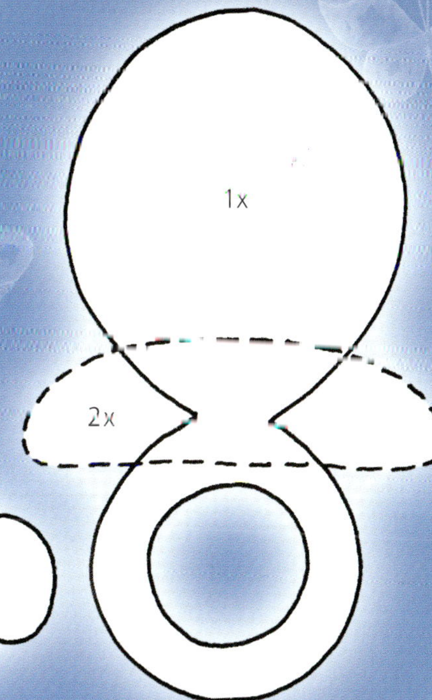

Teil 1

Zauberhafte Elfen

Bastelanleitung auf Seite 68

Teil 2

Zauberhafte Elfen

Bastelanleitung auf Seite 68

Vorlage Porzellan

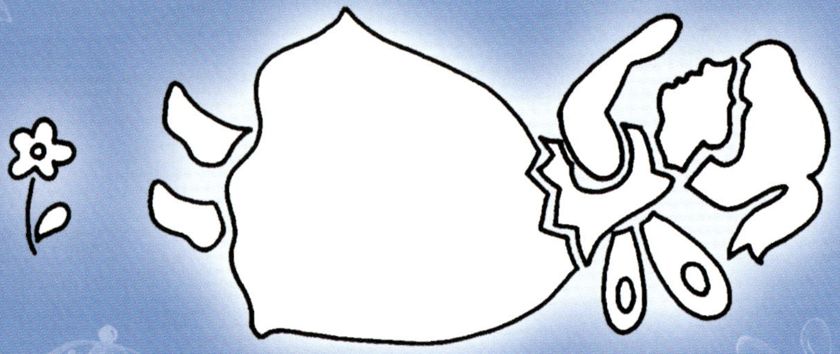

Ministecker

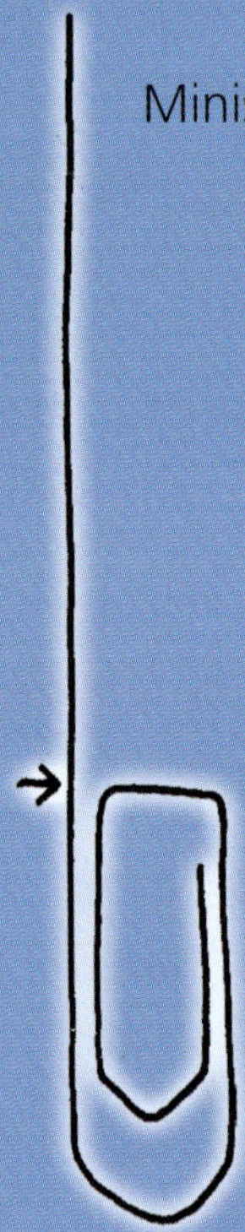

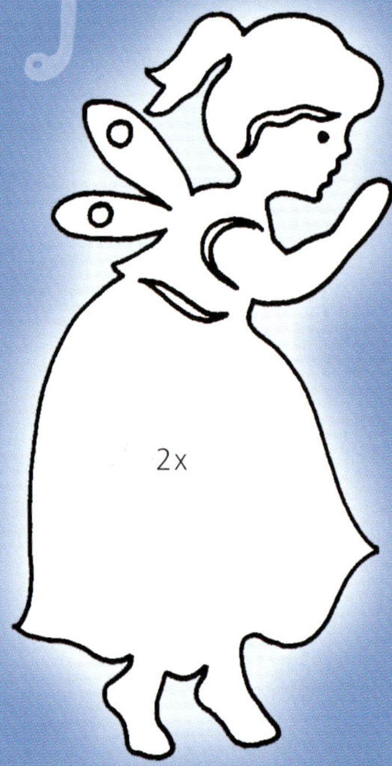

Elfengrüße

Bastelanleitung auf Seite 70

Elfenstecker

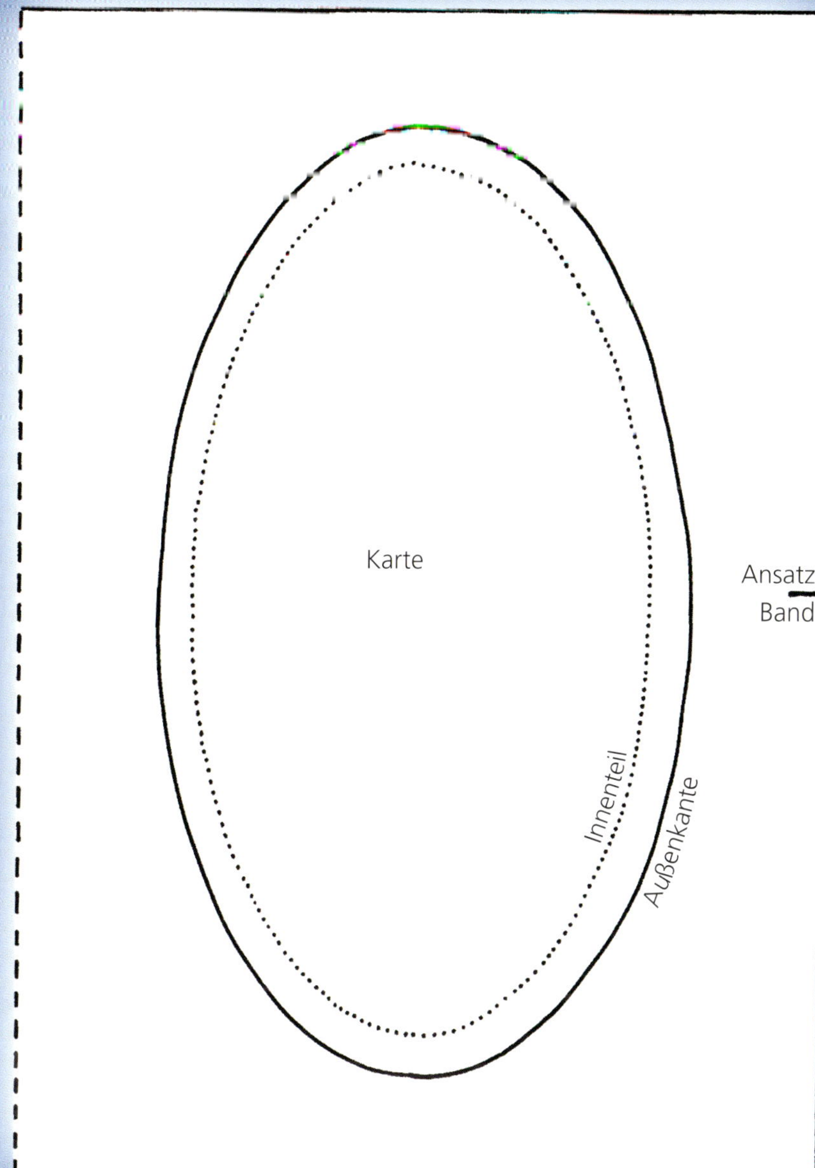

Elfengrüße

Bastelanleitung auf Seite 70

Alles im Eimer

Bastelanleitung auf Seite 73

Kantenhocker Paul

Bastelanleitung auf Seite 75

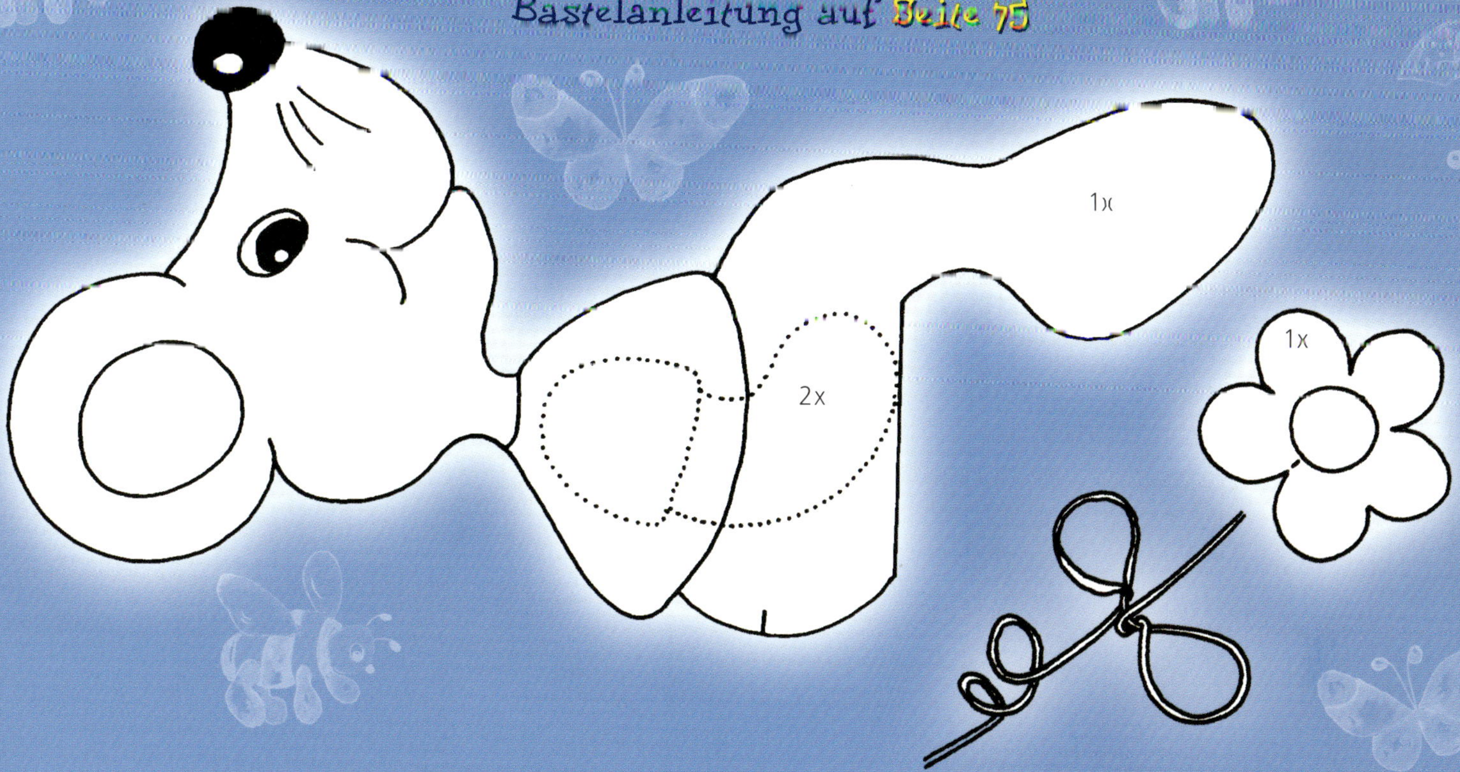

Blumenfeen

Bastelanleitung auf Seite 79

Auf der bunten Sommerwiese

Bastelanleitung auf Seite 83

Klammerkerlchen

Bastelanleitung auf Seite 87

Echt tierisch

Bastelanleitung auf Seite 91

Zum Gackern

Bastelanleitung auf Seite 93

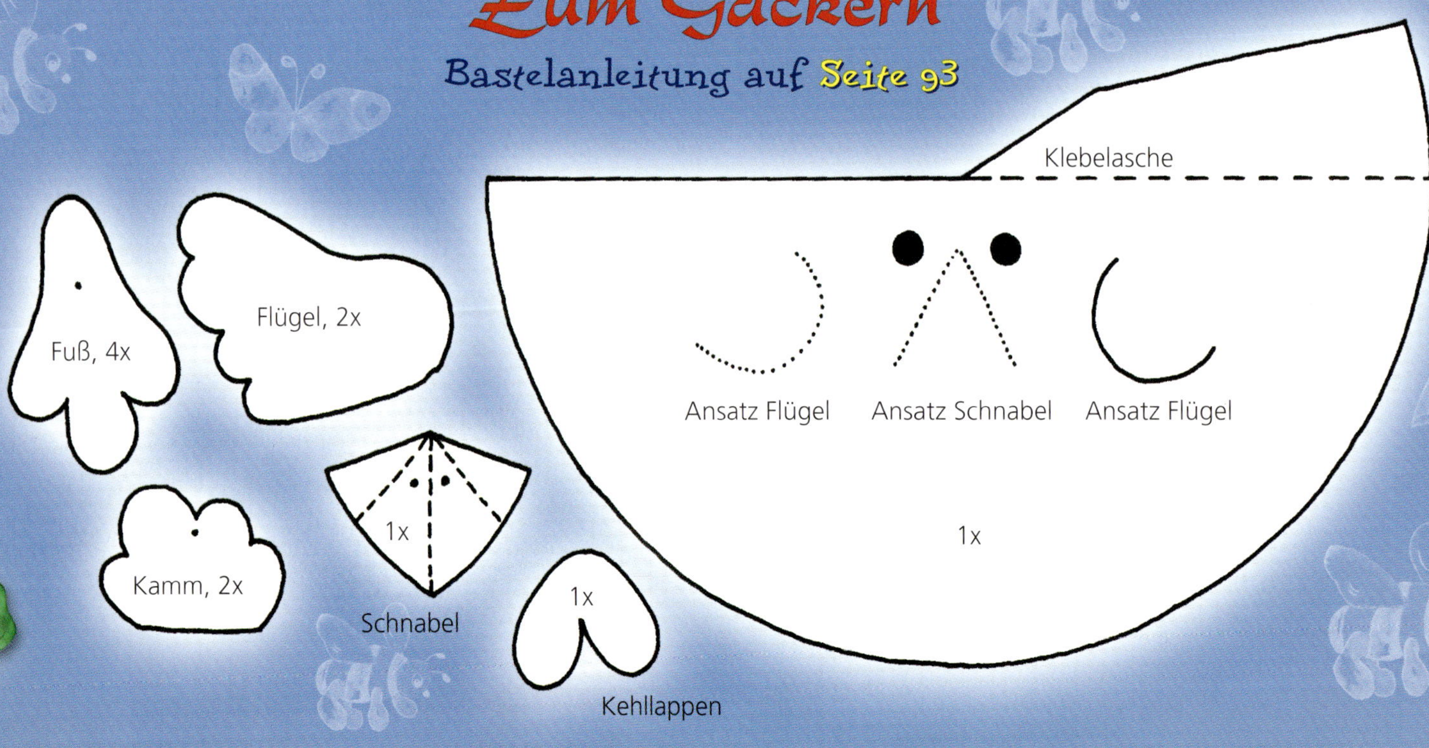